# POCKET
# BRAIN
# TRAINING
## LOGIC PUZZLES

THIS IS A CARLTON BOOK

All puzzles copyright © 2009 The Puzzle People Ltd – RH1 1EY
Design and layout copyright © 2009 Carlton Books Limited

ISBN 978-1-84732-247-0

Printed in China

# POCKET
# BRAIN
# TRAINING
## LOGIC PUZZLES

*More than 200 puzzles!*

**CARLTON**
**BOOKS**

# Battleships Puzzles

These puzzles are based on the classic pencil-and-paper game of Battleships. Instead of guessing where your opponent's fleet may be placed, you are presented with a single puzzle grid and information that will let you logically work out where every ship must be. Each ship is divided into sections – one for a destroyer, two for a cruiser, three for a battleship and four for an aircraft carrier. The number at the end of each row and column tells you how many sections of ship will be found in that line. As well as the numbers, you will be given extra information – some squares may be marked as water (wavy lines) which means they cannot have a ship section in them, and others will give a section of ship. There is also one more vital rule – no two ships can be adjacent to each other in any direction, horizontally, vertically, or diagonally: each vessel is surrounded by water. To determine exactly how the fleet is arranged requires only simple logic and the example below shows the sort of thinking required. First fill in squares that must be water, so put an X (for empty) in every square in any line that contains a zero. Squares A2 to K2 must

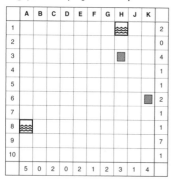

be empty, for example. Filling in the X in H2 means that the middle section of ship shown in H3 cannot go down the H column but must lie along row three. So we know G3 and J3 are ship parts. Use this logical thinking to complete the grids.

| | A | B | C | D | E | F | G | H | J | K | |
|---|---|---|---|---|---|---|---|---|---|---|---|
| 1 | | | | | | | | ≈ | | | 2 |
| 2 | | | | | | | | | | | 0 |
| 3 | | | | | | | | ■ | | | 4 |
| 4 | | | | | | | | | | | 1 |
| 5 | | | | | | | | | | | 1 |
| 6 | | | | | | | | | ■ | | 2 |
| 7 | | | | | | | | | | | 1 |
| 8 | ≈ | | | | | | | | | | 1 |
| 9 | | | | | | | | | | | 7 |
| 10 | | | | | | | | | | | 1 |
| | 5 | 0 | 2 | 0 | 2 | 1 | 2 | 3 | 1 | 4 | |

# Futoshiki Puzzles

To solve one of these puzzles you must fill in the numbers 1–5 (for a five-line grid), ensuring that the same number only appears once on each row and column. The only clues you have are the given numbers and the symbols, which tell you if the number in the square is larger (>) or smaller (<) than the number next to it.

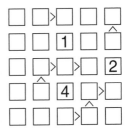

# Sudoku Puzzles

The rules of Sudoku are very easy to understand: the object is to place the numbers 1 to 9 in each empty cell so that each row, each column and each 3x3 block contains all the numbers from one to nine.

# Killer Sudoku Puzzles

Killer Sudoku may look intimidating, but don't be put off by the empty grids. The puzzles follow the rules of normal Sudoku – place a digit from 1–9 so that each row, column and 3x3 block contains all of the digits from 1–9. In addition, the digits in each inner shape (marked by dots) must add up to the number in the top corner of that shape. No digit is repeated in an inner shape. The table below should help you, as solving is easier if you work out the unique combinations of numbers that are possible in a square:

| 2 digits | 3 digits | 4 digits | 5 digits |
|---|---|---|---|
| 3: 1 and 2 | 6: 1, 2 and 3 | 10: 1, 2, 3 and 4 | 15: 1, 2, 3, 4 and 5 |
| 4: 1 and 3 | 7: 1, 2 and 4 | 11: 1, 2, 3 and 5 | 16: 1, 2, 3, 4 and 6 |
| 16: 7 and 9 | 23: 6, 8 and 9 | 29: 5, 7, 8 and 9 | 34: 4, 6, 7, 8 and 9 |
| 17: 8 and 9 | 24: 7, 8 and 9 | 30: 6, 7, 8 and 9 | 35: 5, 6, 7, 8 and 9 |

## Battleships

1

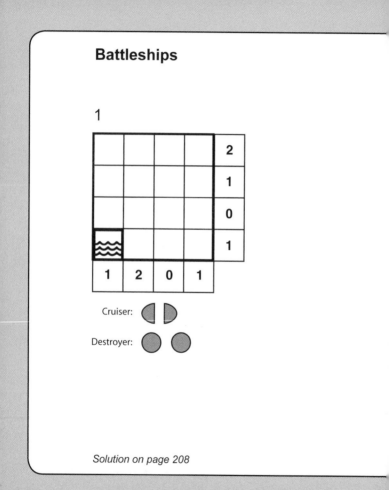

|     |     |     |     | 2 |
|-----|-----|-----|-----|---|
|     |     |     |     | 1 |
|     |     |     |     | 0 |
| ≈≈≈ |     |     |     | 1 |
| 1   | 2   | 0   | 1   |   |

Cruiser:

Destroyer:

Solution on page 208

# Battleships

2

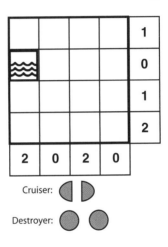

Cruiser:

Destroyer:

*Solution on page 208*

# Battleships

3

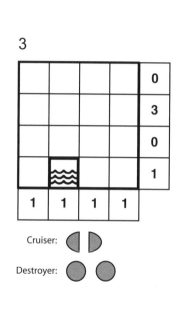

Cruiser:

Destroyer:

*Solution on page 208*

# Battleships

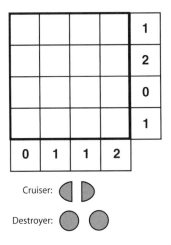

| | | | | |
|---|---|---|---|---|
| | | | | **1** |
| | | | | **2** |
| | | | | **0** |
| | | | | **1** |
| **0** | **1** | **1** | **2** | |

Cruiser:

Destroyer:

*Solution on page 208*

# Battleships

5

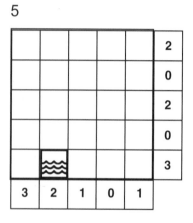

Cruiser: ◖◗ ◖◗

Destroyer: ● ● ◗

*Solution on page 208*

# Battleships

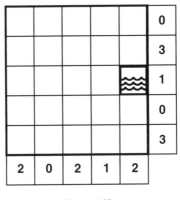

| | | | | | 0 |
|---|---|---|---|---|---|
| | | | | | 3 |
| | | | | ≈ | 1 |
| | | | | | 0 |
| | | | | | 3 |
| 2 | 0 | 2 | 1 | 2 | |

Cruiser: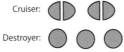

Destroyer:

*Solution on page 208*

# Battleships

7

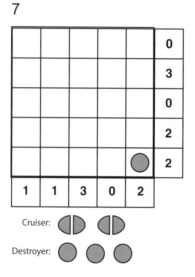

Cruiser:

Destroyer:

*Solution on page 208*

# Battleships

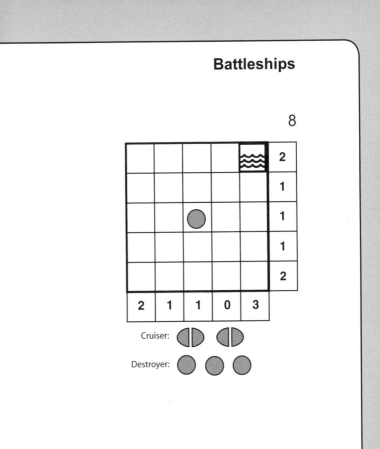

Solution on page 208

# Battleships

9

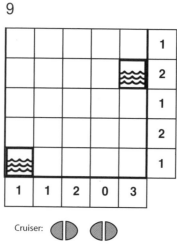

Cruiser:

Destroyer:

Solution on page 208

# Battleships

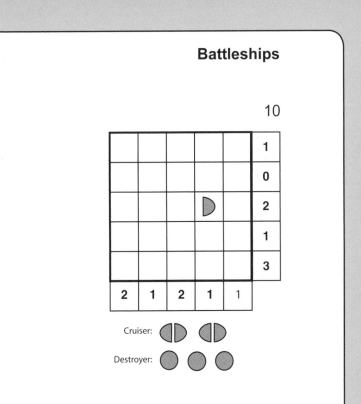

Cruiser:

Destroyer:

Solution on page 208

# Battleships

11

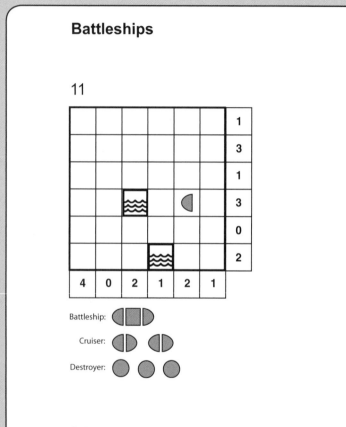

Battleship:

Cruiser:

Destroyer:

*Solution on page 208*

# Battleships

12

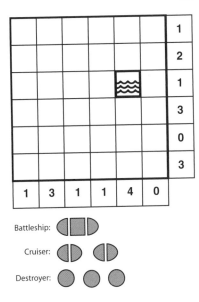

| | | | | | | 1 |
| | | | | | | 2 |
| | | | | ≋ | | 1 |
| | | | | | | 3 |
| | | | | | | 0 |
| | | | | | | 3 |
| 1 | 3 | 1 | 1 | 4 | 0 | |

Battleship:
Cruiser:
Destroyer:

*Solution on page 208*

# Battleships

13

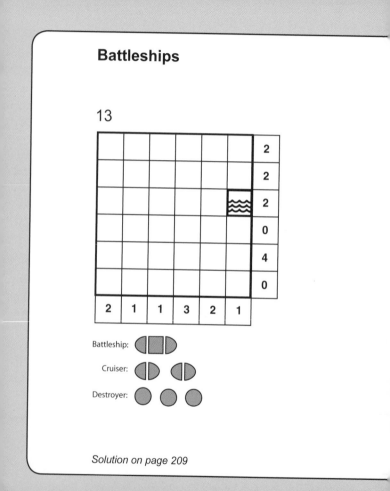

Battleship:

Cruiser:

Destroyer:

Solution on page 209

# Battleships

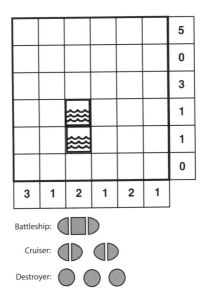

Battleship:

Cruiser:

Destroyer:

Solution on page 209

# Battleships

15

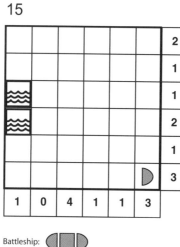

Battleship:
Cruiser:
Destroyer:

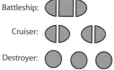

*Solution on page 209*

# Battleships

16

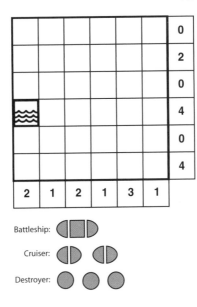

Battleship:

Cruiser:

Destroyer:

*Solution on page 209*

# Battleships

17

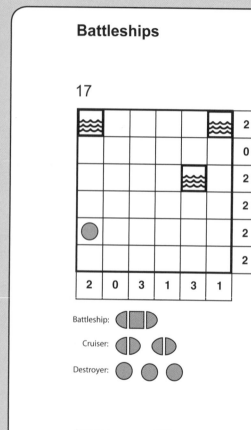

Battleship:

Cruiser:

Destroyer:

*Solution on page 209*

# Battleships

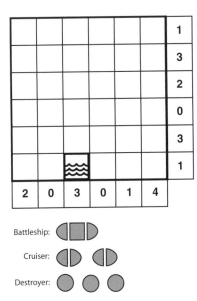

| | | | | | | |
|---|---|---|---|---|---|---|
| | | | | | | 1 |
| | | | | | | 3 |
| | | | | | | 2 |
| | | | | | | 0 |
| | | | | | | 3 |
| | | ~~~ | | | | 1 |
| 2 | 0 | 3 | 0 | 1 | 4 | |

Battleship:

Cruiser:

Destroyer:

Solution on page 209

# Battleships

19

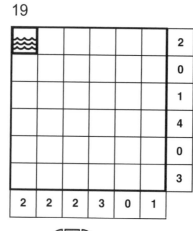

| | | | | | | |
|---|---|---|---|---|---|---|
| 〜 | | | | | | 2 |
| | | | | | | 0 |
| | | | | | | 1 |
| | | | | | | 4 |
| | | | | | | 0 |
| | | | | | | 3 |
| 2 | 2 | 2 | 3 | 0 | 1 | |

Battleship: 

Cruiser: 

Destroyer: 

*Solution on page 209*

# Battleships

20

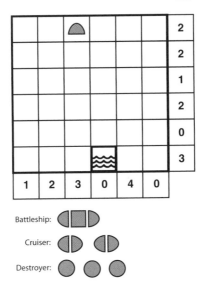

| | | | | | | 2 |
| | | | | | | 2 |
| | | | | | | 1 |
| | | | | | | 2 |
| | | | | | | 0 |
| | | | | | | 3 |
| 1 | 2 | 3 | 0 | 4 | 0 |

Battleship:

Cruiser:

Destroyer:

Solution on page 209

# Battleships

21

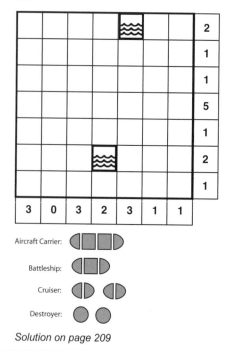

Aircraft Carrier:

Battleship:

Cruiser:

Destroyer:

*Solution on page 209*

# Battleships

22

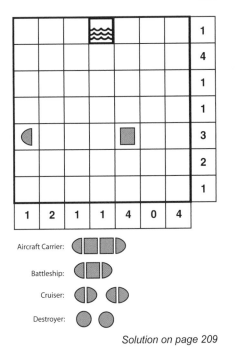

Solution on page 209

# Battleships

23

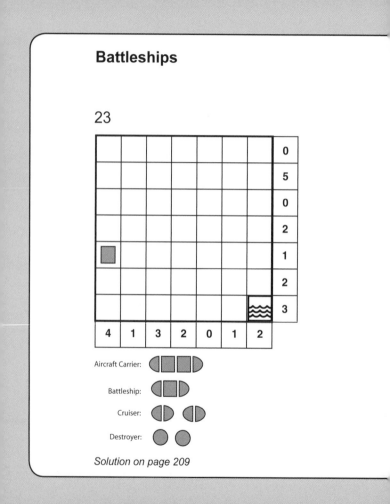

Aircraft Carrier:

Battleship:

Cruiser:

Destroyer:

*Solution on page 209*

# Battleships

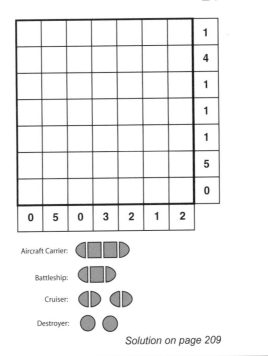

|   |   |   |   |   |   |   |   |
|---|---|---|---|---|---|---|---|
|   |   |   |   |   |   |   | 1 |
|   |   |   |   |   |   |   | 4 |
|   |   |   |   |   |   |   | 1 |
|   |   |   |   |   |   |   | 1 |
|   |   |   |   |   |   |   | 1 |
|   |   |   |   |   |   |   | 5 |
|   |   |   |   |   |   |   | 0 |
| 0 | 5 | 0 | 3 | 2 | 1 | 2 |   |

Aircraft Carrier:

Battleship:

Cruiser:

Destroyer:

*Solution on page 209*

# Battleships

25

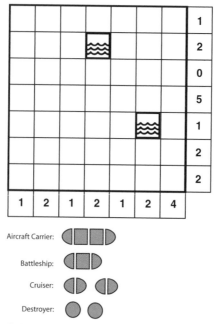

Aircraft Carrier:

Battleship:

Cruiser:

Destroyer:

*Solution on page 210*

# Battleships

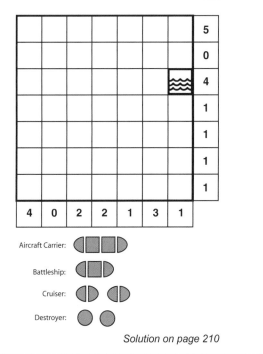

Solution on page 210

# Battleships

27

Aircraft Carrier:

Battleship:

Cruiser:

Destroyer:

*Solution on page 210*

# Battleships

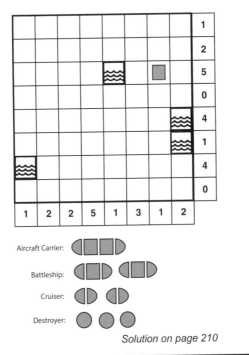

Aircraft Carrier:

Battleship:

Cruiser:

Destroyer:

*Solution on page 210*

# Battleships

29

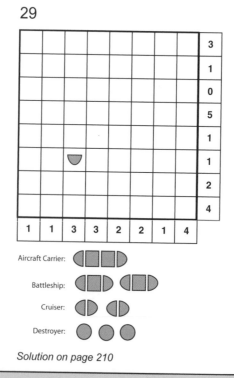

Aircraft Carrier:

Battleship:

Cruiser:

Destroyer:

*Solution on page 210*

# Battleships

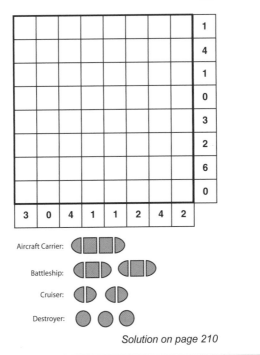

Aircraft Carrier:

Battleship:

Cruiser:

Destroyer:

*Solution on page 210*

## Battleships

31

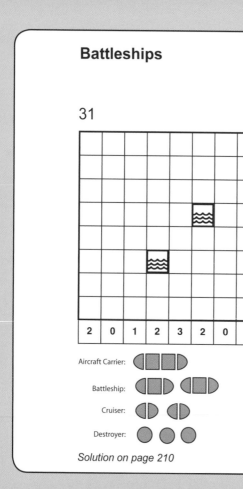

Aircraft Carrier:

Battleship:

Cruiser:

Destroyer:

*Solution on page 210*

# Battleships

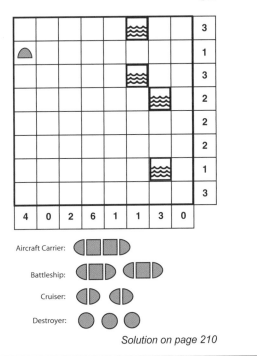

Aircraft Carrier:

Battleship:

Cruiser:

Destroyer:

*Solution on page 210*

# Battleships

33

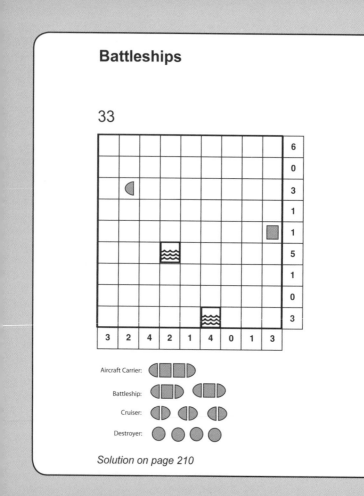

Solution on page 210

# Battleships

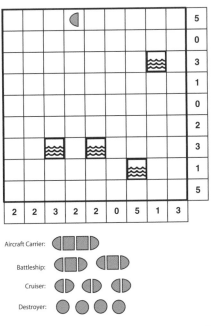

|  |  |  |  |  |  |  |  |  |  | 5 |
|  |  |  |  |  |  |  |  |  |  | 0 |
|  |  |  |  |  |  |  |  |  |  | 3 |
|  |  |  |  |  |  |  |  |  |  | 1 |
|  |  |  |  |  |  |  |  |  |  | 0 |
|  |  |  |  |  |  |  |  |  |  | 2 |
|  |  |  |  |  |  |  |  |  |  | 3 |
|  |  |  |  |  |  |  |  |  |  | 1 |
|  |  |  |  |  |  |  |  |  |  | 5 |

| 2 | 2 | 3 | 2 | 2 | 0 | 5 | 1 | 3 |

Aircraft Carrier:

Battleship:

Cruiser:

Destroyer:

*Solution on page 210*

# Battleships

35

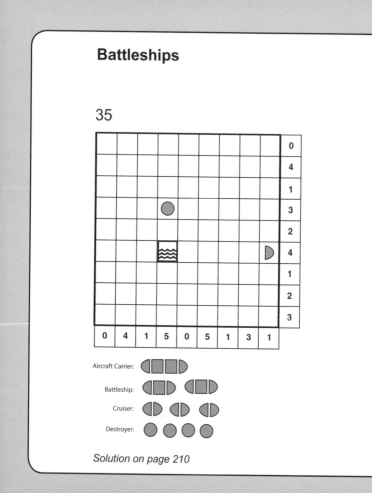

Aircraft Carrier:

Battleship:

Cruiser:

Destroyer:

*Solution on page 210*

# Battleships

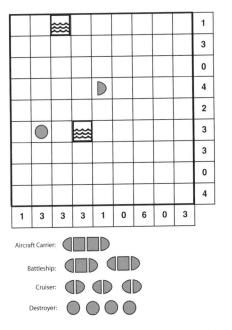

| | | | | | | | | | |
|---|---|---|---|---|---|---|---|---|---|
| | | ≈ | | | | | | | 1 |
| | | | | | | | | | 3 |
| | | | | | | | | | 0 |
| | | | | D | | | | | 4 |
| | | | | | | | | | 2 |
| | ● | | ≈ | | | | | | 3 |
| | | | | | | | | | 3 |
| | | | | | | | | | 0 |
| | | | | | | | | | 4 |

| 1 | 3 | 3 | 3 | 1 | 0 | 6 | 0 | 3 |
|---|---|---|---|---|---|---|---|---|

Aircraft Carrier: ⬤▭▭⬤

Battleship: ⬤▭⬤  ⬤▭⬤

Cruiser: ◐◑  ◐◑  ◐◑

Destroyer: ●  ●  ●  ●

*Solution on page 210*

# Battleships

37

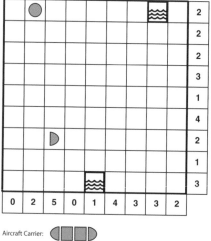

Aircraft Carrier: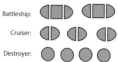

Battleship:

Cruiser:

Destroyer:

*Solution on page 211*

# Battleships

38

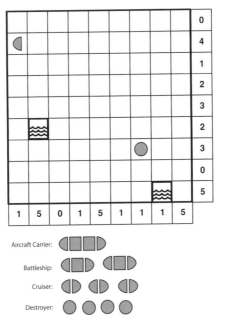

Aircraft Carrier:

Battleship:

Cruiser:

Destroyer:

*Solution on page 211*

# Battleships

39

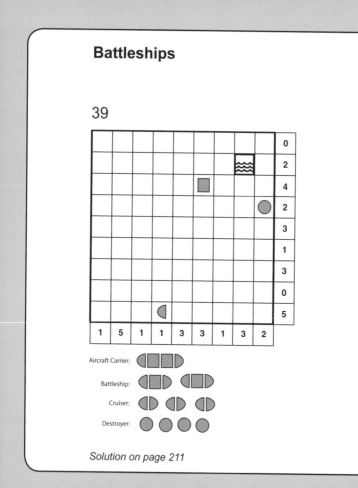

Aircraft Carrier:

Battleship:

Cruiser:

Destroyer:

*Solution on page 211*

# Battleships

40

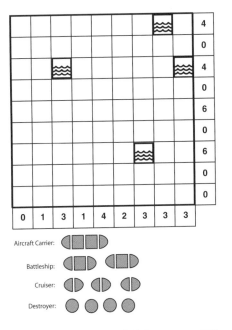

Aircraft Carrier:

Battleship:

Cruiser:

Destroyer:

*Solution on page 211*

# Battleships

41

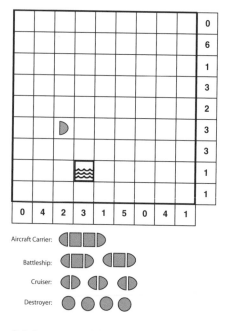

Aircraft Carrier:

Battleship:

Cruiser:

Destroyer:

*Solution on page 211*

# Battleships

42

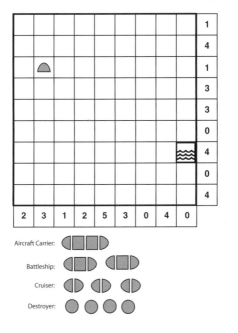

Aircraft Carrier:

Battleship:

Cruiser:

Destroyer:

*Solution on page 211*

# Battleships

43

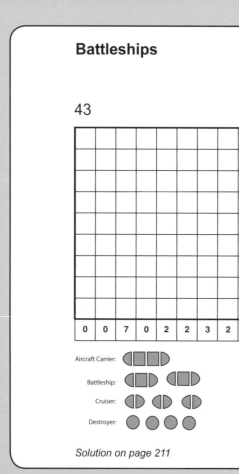

Aircraft Carrier:
Battleship:
Cruiser:
Destroyer:

Solution on page 211

# Battleships

44

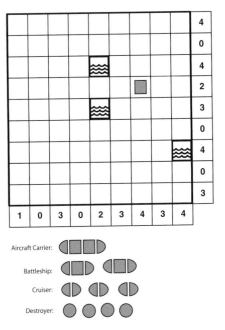

|  |  |  |  |  |  |  |  |  | 4 |
|--|--|--|--|--|--|--|--|--|---|
|  |  |  |  |  |  |  |  |  | 0 |
|  |  |  |  | ≈ |  |  |  |  | 4 |
|  |  |  |  |  |  | ■ |  |  | 2 |
|  |  |  |  | ≈ |  |  |  |  | 3 |
|  |  |  |  |  |  |  |  |  | 0 |
|  |  |  |  |  |  |  |  | ≈ | 4 |
|  |  |  |  |  |  |  |  |  | 0 |
|  |  |  |  |  |  |  |  |  | 3 |

| 1 | 0 | 3 | 0 | 2 | 3 | 4 | 3 | 4 |

Aircraft Carrier: 

Battleship: 

Cruiser: 

Destroyer: 

*Solution on page 211*

# Battleships

45

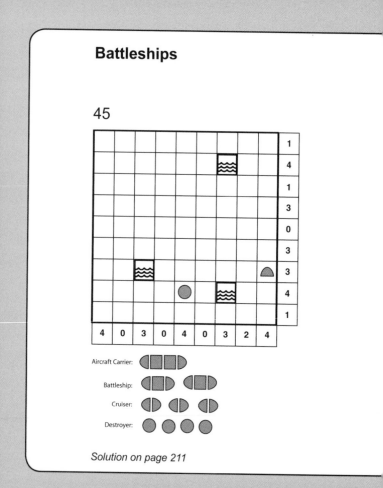

Solution on page 211

# Battleships

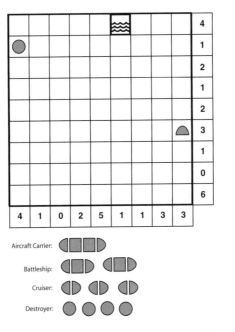

Aircraft Carrier:

Battleship:

Cruiser:

Destroyer:

Solution on page 211

# Battleships

47

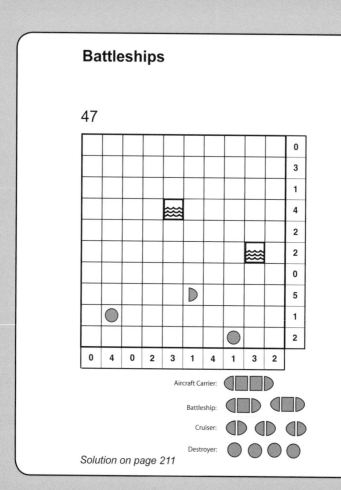

Aircraft Carrier:

Battleship:

Cruiser:

Destroyer:

Solution on page 211

# Battleships

|   |   |   |   |   |   |   |   |   |   |   |
|---|---|---|---|---|---|---|---|---|---|---|
|   |   |   |   |   |   |   |   |   |   | 0 |
|   |   |   |   |   |   |   |   |   |   | 2 |
| ● |   |   |   |   |   |   | ◡ |   |   | 3 |
|   |   |   | ≈ |   |   |   |   |   |   | 2 |
|   |   |   |   |   |   |   |   |   |   | 1 |
|   |   |   | ■ |   |   |   |   |   |   | 6 |
|   |   |   |   |   |   |   |   |   |   | 1 |
|   |   |   |   |   |   |   |   |   |   | 1 |
|   |   |   |   |   |   |   |   | ◗ |   | 4 |
|   |   |   |   |   |   |   |   |   |   | 0 |
| 3 | 0 | 1 | 4 | 1 | 1 | 3 | 2 | 1 | 4 |   |

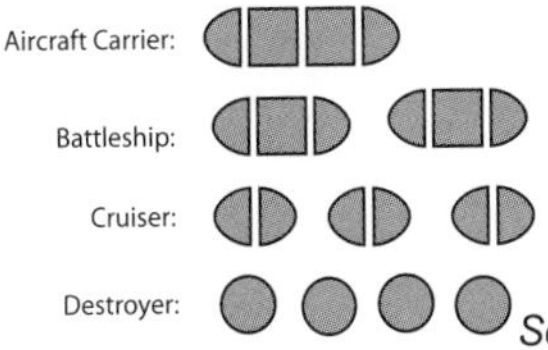

Aircraft Carrier: ▢▢▢▢

Battleship: ▢▢▢  ▢▢▢

Cruiser: ▢▢  ▢▢  ▢▢

Destroyer: ●  ●  ●  ●

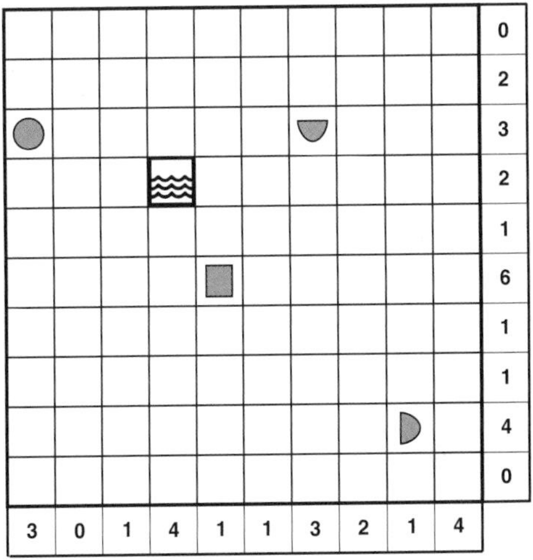

Solution on page 211

# Battleships

49

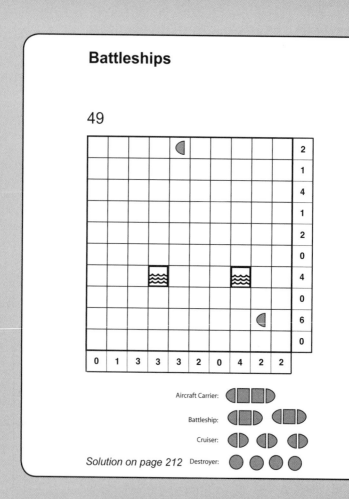

Aircraft Carrier:

Battleship:

Cruiser:

Destroyer:

Solution on page 212

# Battleships

50

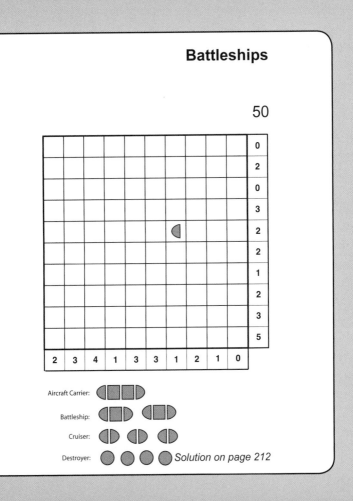

| | | | | | | | | | | |
|---|---|---|---|---|---|---|---|---|---|---|
| | | | | | | | | | | 0 |
| | | | | | | | | | | 2 |
| | | | | | | | | | | 0 |
| | | | | | | | | | | 3 |
| | | | | | ◖ | | | | | 2 |
| | | | | | | | | | | 2 |
| | | | | | | | | | | 1 |
| | | | | | | | | | | 2 |
| | | | | | | | | | | 3 |
| | | | | | | | | | | 5 |
| 2 | 3 | 4 | 1 | 3 | 3 | 1 | 2 | 1 | 0 | |

Aircraft Carrier: 

Battleship: 

Cruiser: 

Destroyer: *Solution on page 212*

# Battleships

51

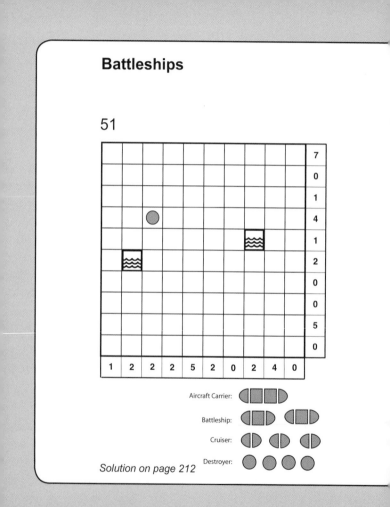

| | | | | | | | | | | |
|---|---|---|---|---|---|---|---|---|---|---|
| | | | | | | | | | | 7 |
| | | | | | | | | | | 0 |
| | | | | | | | | | | 1 |
| | | ● | | | | | | | | 4 |
| | | | | | | | ≈ | | | 1 |
| | ≈ | | | | | | | | | 2 |
| | | | | | | | | | | 0 |
| | | | | | | | | | | 0 |
| | | | | | | | | | | 5 |
| | | | | | | | | | | 0 |
| 1 | 2 | 2 | 2 | 5 | 2 | 0 | 2 | 4 | 0 | |

Aircraft Carrier:

Battleship:

Cruiser:

Destroyer:

Solution on page 212

# Battleships

52

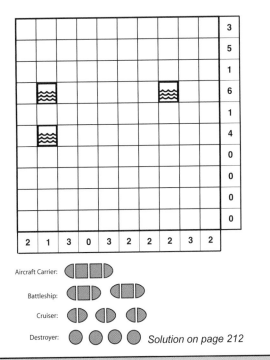

| | | | | | | | | | | |
|---|---|---|---|---|---|---|---|---|---|---|
| | | | | | | | | | | 3 |
| | | | | | | | | | | 5 |
| | | | | | | | | | | 1 |
| | ≈ | | | | | | ≈ | | | 6 |
| | | | | | | | | | | 1 |
| | ≈ | | | | | | | | | 4 |
| | | | | | | | | | | 0 |
| | | | | | | | | | | 0 |
| | | | | | | | | | | 0 |
| | | | | | | | | | | 0 |
| 2 | 1 | 3 | 0 | 3 | 2 | 2 | 2 | 3 | 2 | |

Aircraft Carrier: 

Battleship: 

Cruiser: 

Destroyer: *Solution on page 212*

# Battleships

53

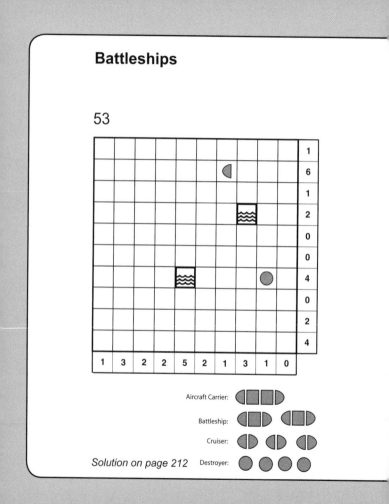

| | | | | | | | | | | |
|---|---|---|---|---|---|---|---|---|---|---|
| | | | | | | | | | | 1 |
| | | | | | | ◖ | | | | 6 |
| | | | | | | | | | | 1 |
| | | | | | | ≈ | | | | 2 |
| | | | | | | | | | | 0 |
| | | | | | | | | | | 0 |
| | | | | ≈ | | | ● | | | 4 |
| | | | | | | | | | | 0 |
| | | | | | | | | | | 2 |
| | | | | | | | | | | 4 |
| 1 | 3 | 2 | 2 | 5 | 2 | 1 | 3 | 1 | 0 | |

Aircraft Carrier:

Battleship:

Cruiser:

Destroyer:

*Solution on page 212*

# Battleships

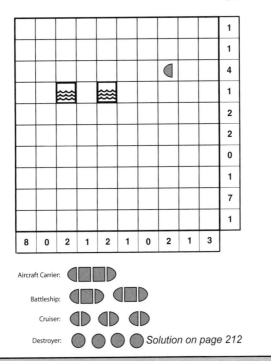

Aircraft Carrier:

Battleship:

Cruiser:

Destroyer:

Solution on page 212

# Battleships

## 55

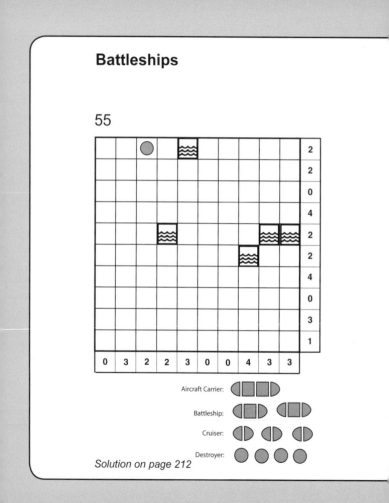

Aircraft Carrier:

Battleship:

Cruiser:

Destroyer:

*Solution on page 212*

# Battleships

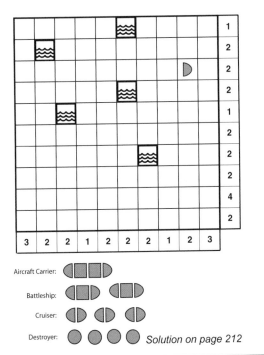

Aircraft Carrier:

Battleship:

Cruiser:

Destroyer: *Solution on page 212*

# Battleships

57

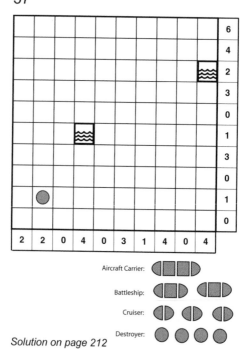

Aircraft Carrier:

Battleship:

Cruiser:

Destroyer:

Solution on page 212

# Battleships

58

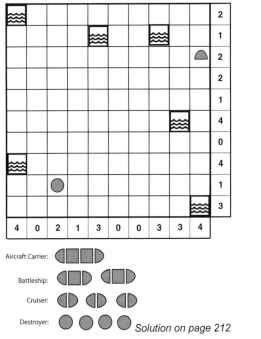

| | | | | | | | | | | |
|---|---|---|---|---|---|---|---|---|---|---|
| | | | | | | | | | | 2 |
| | | | | | | | | | | 1 |
| | | | | | | | | | | 2 |
| | | | | | | | | | | 2 |
| | | | | | | | | | | 1 |
| | | | | | | | | | | 4 |
| | | | | | | | | | | 0 |
| | | | | | | | | | | 4 |
| | | | | | | | | | | 1 |
| | | | | | | | | | | 3 |
| 4 | 0 | 2 | 1 | 3 | 0 | 0 | 3 | 3 | 4 | |

Aircraft Carrier:

Battleship:

Cruiser:

Destroyer: *Solution on page 212*

# Battleships

59

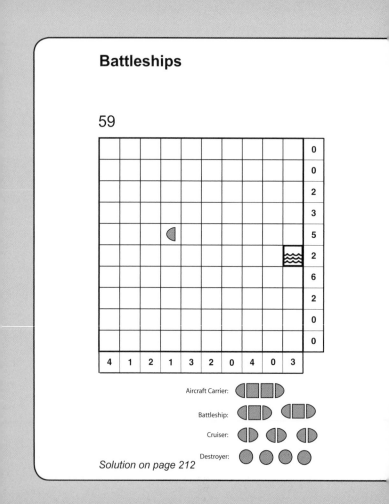

| | | | | | | | | | | |
|---|---|---|---|---|---|---|---|---|---|---|
| | | | | | | | | | | 0 |
| | | | | | | | | | | 0 |
| | | | | | | | | | | 2 |
| | | | | | | | | | | 3 |
| | | | | | | | | | | 5 |
| | | | | | | | | | | 2 |
| | | | | | | | | | | 6 |
| | | | | | | | | | | 2 |
| | | | | | | | | | | 0 |
| | | | | | | | | | | 0 |

| 4 | 1 | 2 | 1 | 3 | 2 | 0 | 4 | 0 | 3 |

Aircraft Carrier:

Battleship:

Cruiser:

Destroyer:

*Solution on page 212*

# Battleships

60

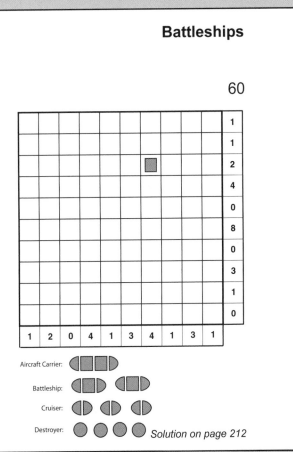

Aircraft Carrier:

Battleship:

Cruiser:

Destroyer:

Solution on page 212

# Battleships

61

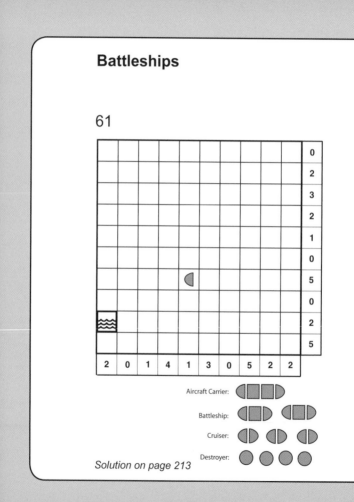

Aircraft Carrier:

Battleship:

Cruiser:

Destroyer:

Solution on page 213

# Battleships

62

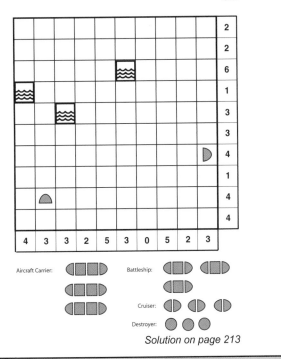

*Solution on page 213*

# Battleships

63

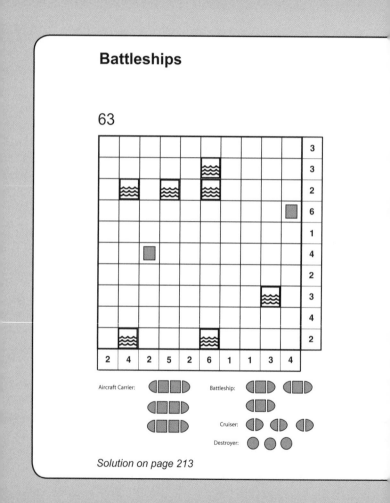

Aircraft Carrier:

Battleship:

Cruiser:

Destroyer:

*Solution on page 213*

# Battleships

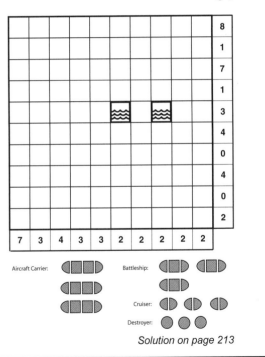

| | | | | | | | | | | |
|---|---|---|---|---|---|---|---|---|---|---|
| | | | | | | | | | | 8 |
| | | | | | | | | | | 1 |
| | | | | | | | | | | 7 |
| | | | | | | | | | | 1 |
| | | | | | ≈ | | ≈ | | | 3 |
| | | | | | | | | | | 4 |
| | | | | | | | | | | 0 |
| | | | | | | | | | | 4 |
| | | | | | | | | | | 0 |
| | | | | | | | | | | 2 |
| 7 | 3 | 4 | 3 | 3 | 2 | 2 | 2 | 2 | 2 | |

Aircraft Carrier:

Battleship:

Cruiser:

Destroyer:

*Solution on page 213*

# Battleships

65

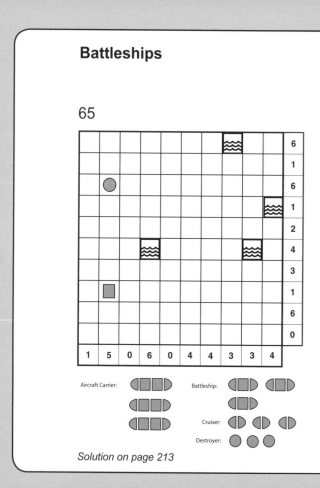

Aircraft Carrier:

Battleship:

Cruiser:

Destroyer:

Solution on page 213

# Battleships

66

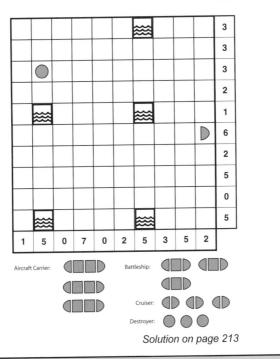

*Solution on page 213*

# Battleships

67

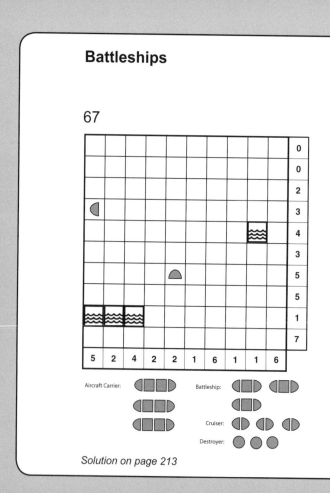

Solution on page 213

# Battleships

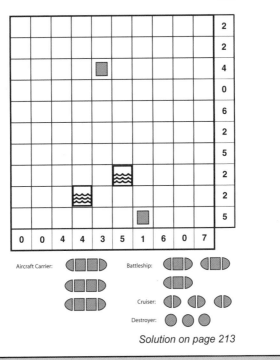

Solution on page 213

# Battleships

## 69

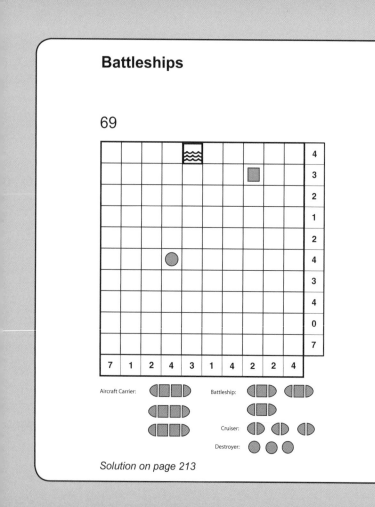

|   |   |   |   |   |   |   |   |   |   |   |
|---|---|---|---|---|---|---|---|---|---|---|
|   |   |   |   | ≈ |   |   |   |   |   | 4 |
|   |   |   |   |   |   |   | ■ |   |   | 3 |
|   |   |   |   |   |   |   |   |   |   | 2 |
|   |   |   |   |   |   |   |   |   |   | 1 |
|   |   |   |   |   |   |   |   |   |   | 2 |
|   |   |   | ● |   |   |   |   |   |   | 4 |
|   |   |   |   |   |   |   |   |   |   | 3 |
|   |   |   |   |   |   |   |   |   |   | 4 |
|   |   |   |   |   |   |   |   |   |   | 0 |
|   |   |   |   |   |   |   |   |   |   | 7 |
| 7 | 1 | 2 | 4 | 3 | 1 | 4 | 2 | 2 | 4 |   |

Aircraft Carrier:

Battleship:

Cruiser:

Destroyer:

*Solution on page 213*

# Battleships

70

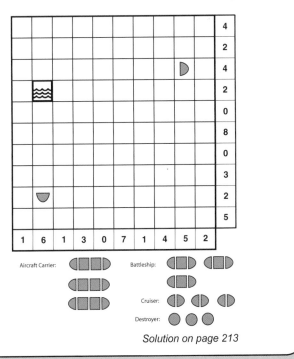

*Solution on page 213*

# Battleships

71

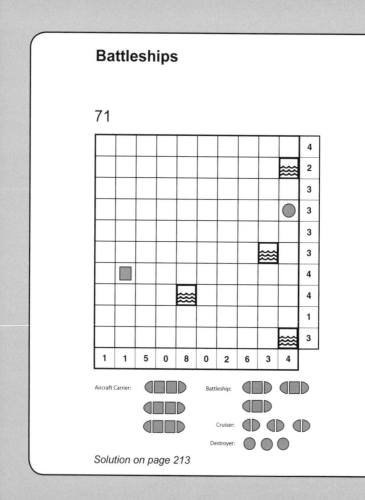

Solution on page 213

# Battleships

72

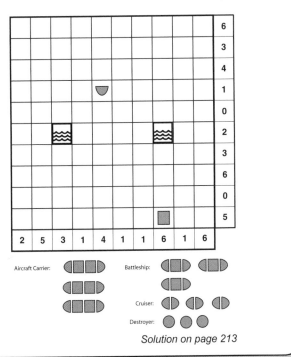

Aircraft Carrier:

Battleship:

Cruiser:

Destroyer:

*Solution on page 213*

# Battleships

## 73

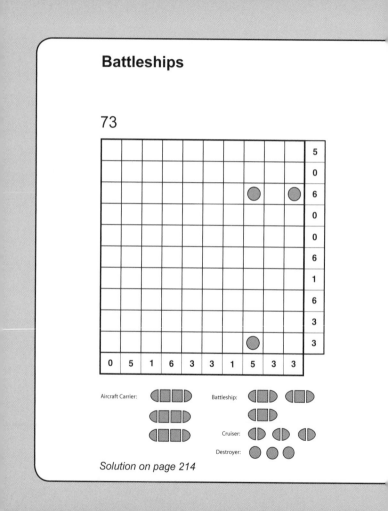

Solution on page 214

# Battleships

74

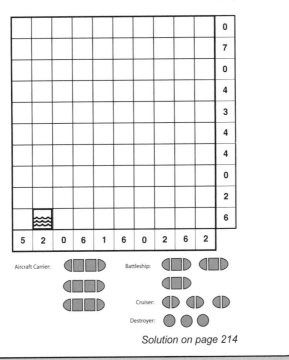

Aircraft Carrier:

Battleship:

Cruiser:

Destroyer:

*Solution on page 214*

# Futoshiki

75

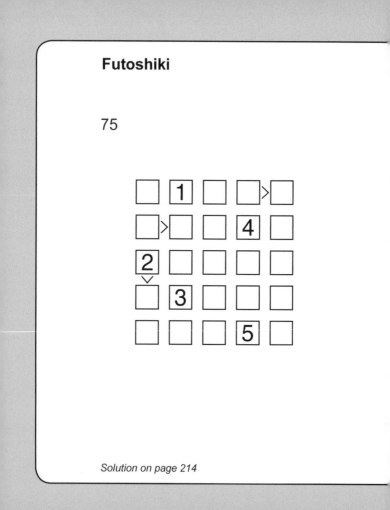

*Solution on page 214*

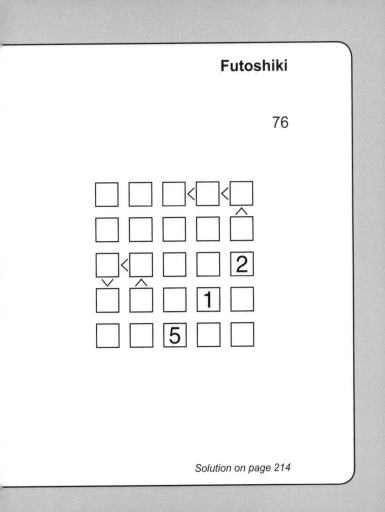

*Solution on page 214*

# Futoshiki

77

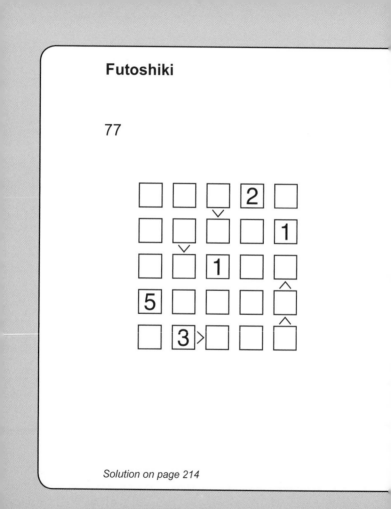

*Solution on page 214*

# Futoshiki

78

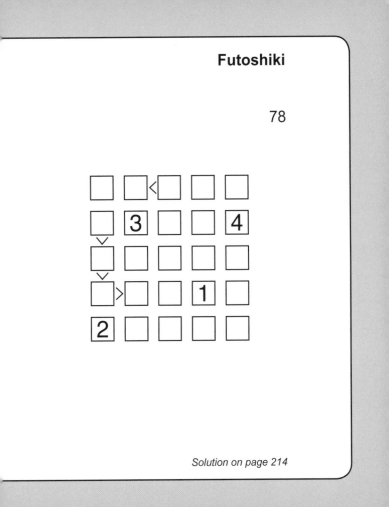

*Solution on page 214*

# Futoshiki

79

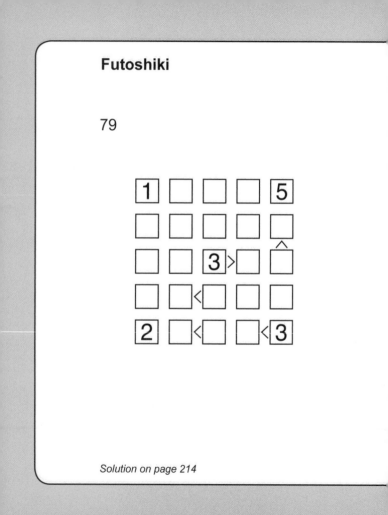

Solution on page 214

# Futoshiki

80

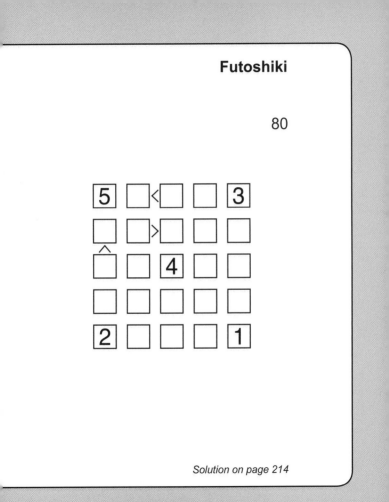

*Solution on page 214*

# Futoshiki

81

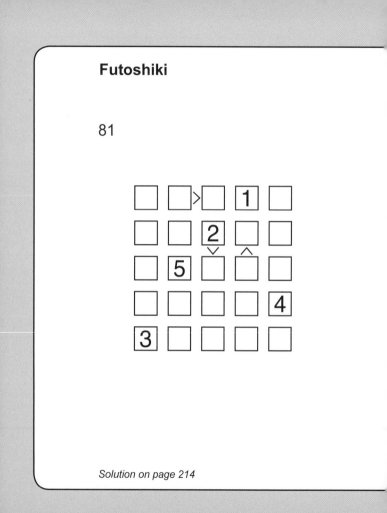

*Solution on page 214*

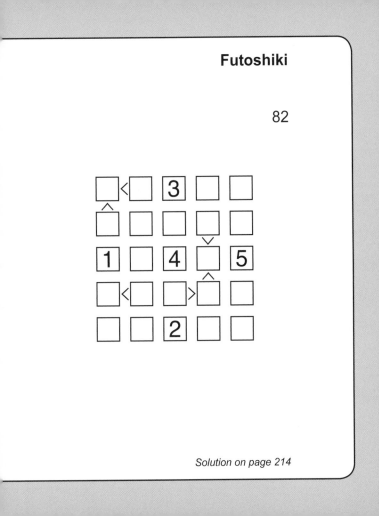

*Solution on page 214*

# Futoshiki

83

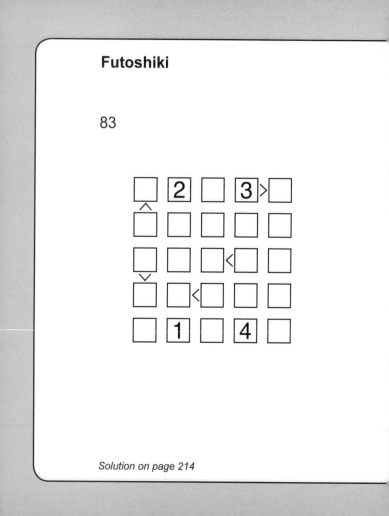

Solution on page 214

# Futoshiki

84

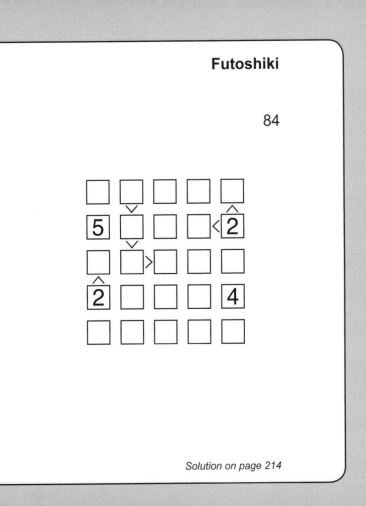

*Solution on page 214*

# Futoshiki

85

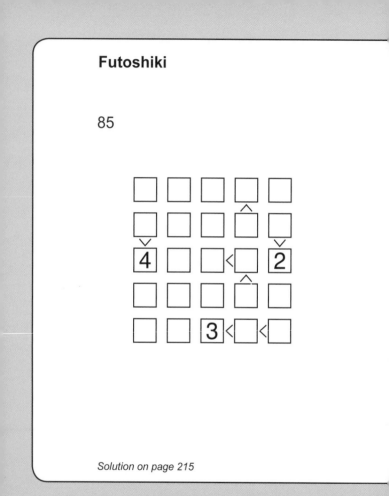

*Solution on page 215*

# Futoshiki

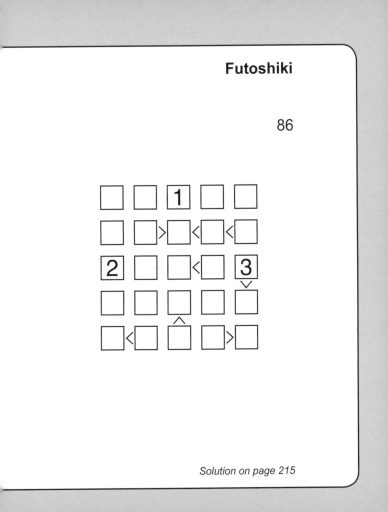

*Solution on page 215*

# Futoshiki

87

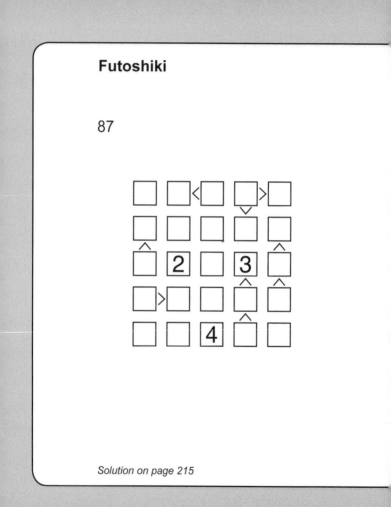

*Solution on page 215*

# Futoshiki

88

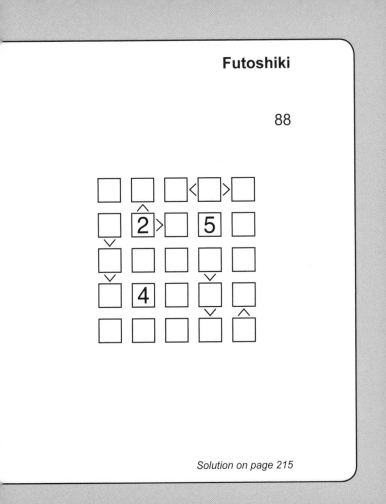

*Solution on page 215*

# Futoshiki

89

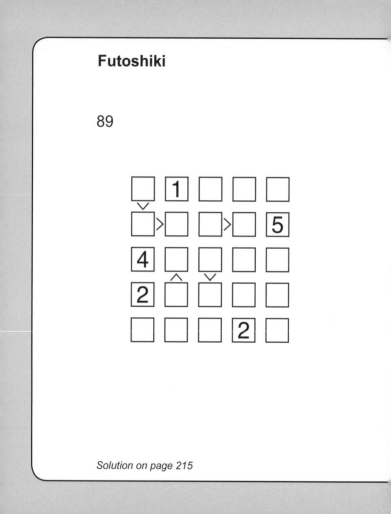

*Solution on page 215*

# Futoshiki

90

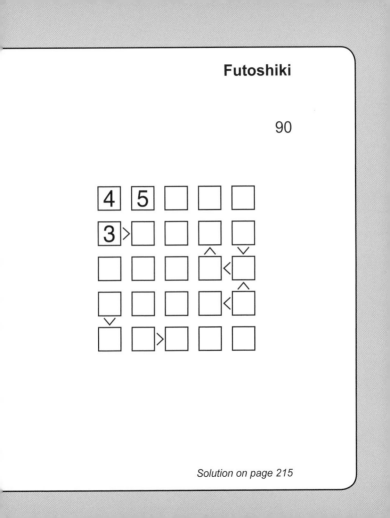

*Solution on page 215*

# Futoshiki

91

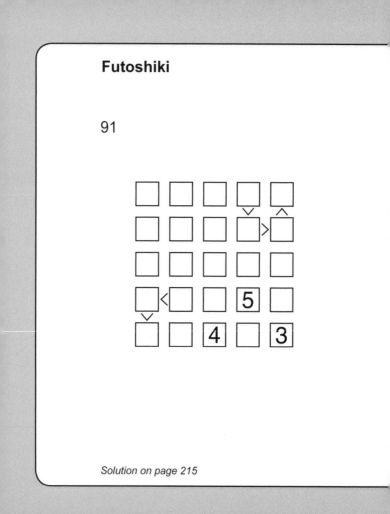

*Solution on page 215*

# Futoshiki

92

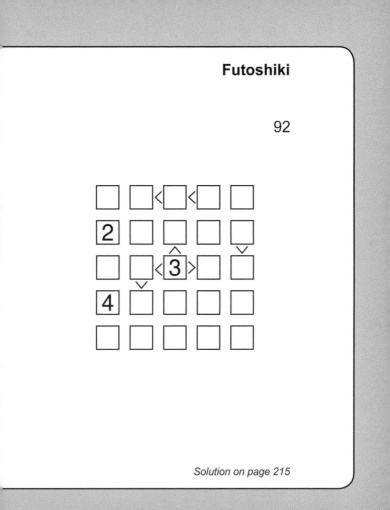

*Solution on page 215*

# Futoshiki

93

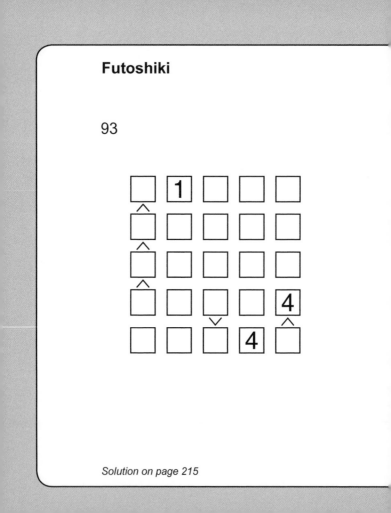

Solution on page 215

# Futoshiki

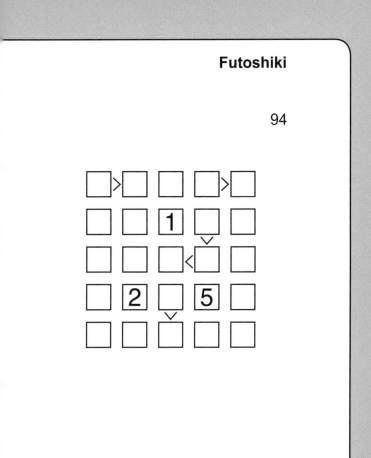

*Solution on page 215*

# Futoshiki

95

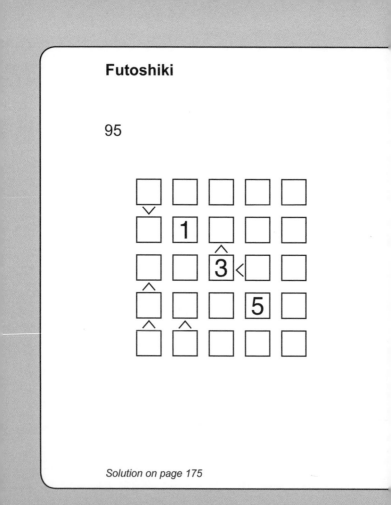

Solution on page 175

# Futoshiki

96

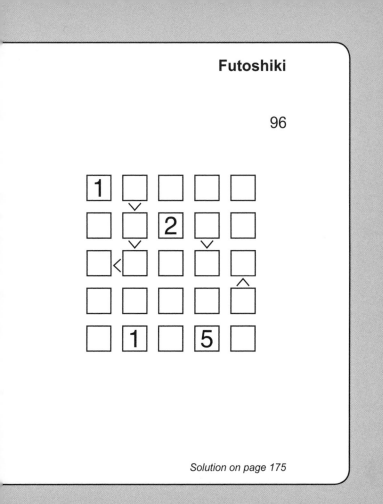

*Solution on page 175*

# Futoshiki

97

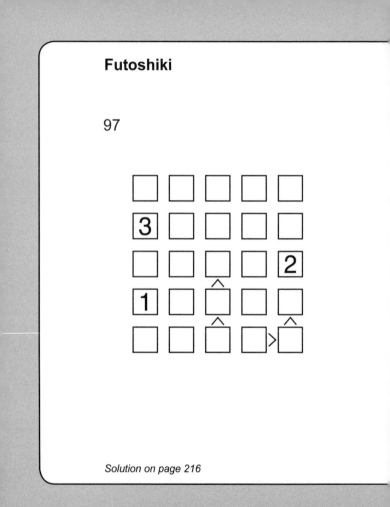

*Solution on page 216*

# Futoshiki

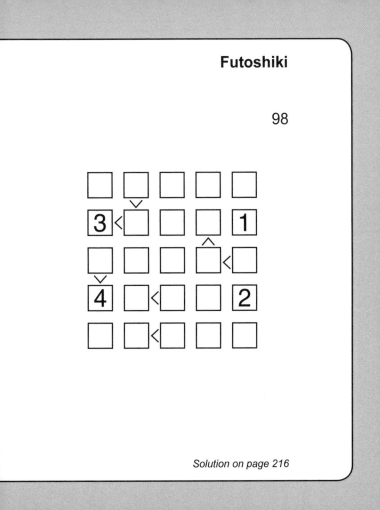

*Solution on page 216*

# Futoshiki

99

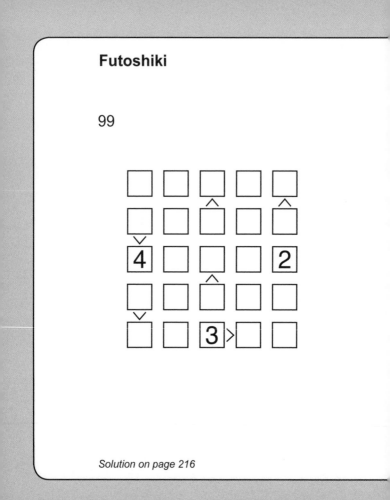

*Solution on page 216*

# Futoshiki

100

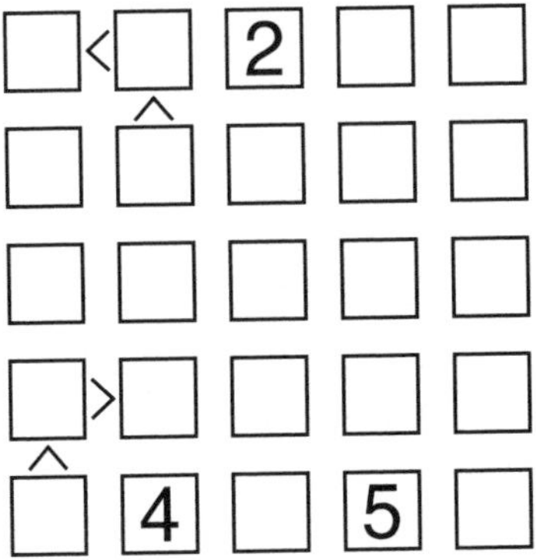

Solution on page 216

# Futoshiki

101

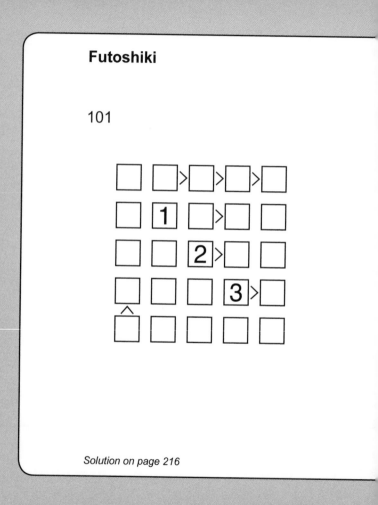

*Solution on page 216*

# Futoshiki

102

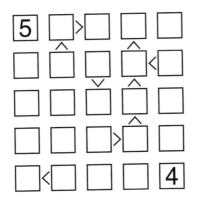

*Solution on page 216*

# Futoshiki

103

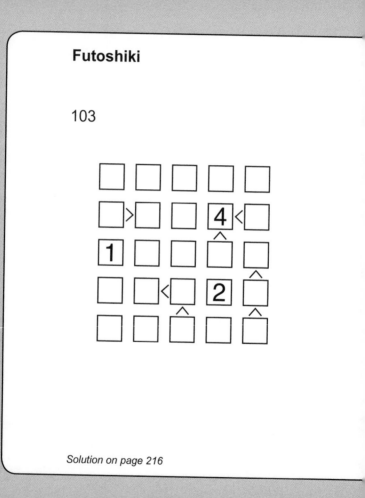

*Solution on page 216*

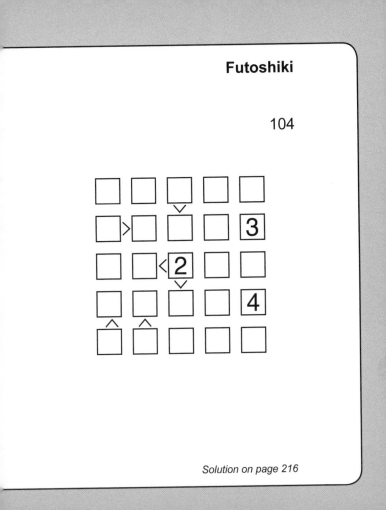

*Solution on page 216*

# Futoshiki

105

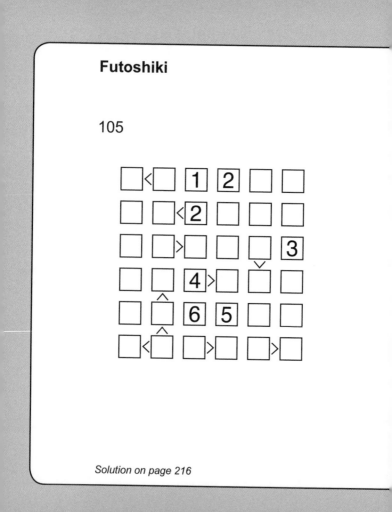

Solution on page 216

# Futoshiki

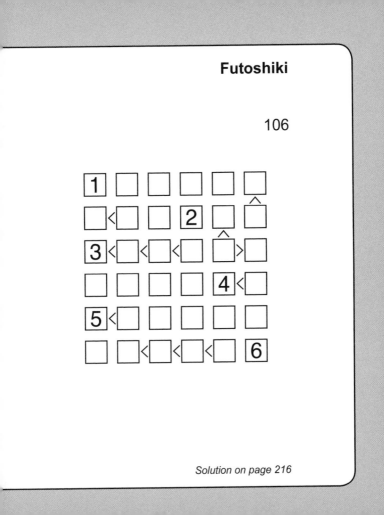

*Solution on page 216*

# Futoshiki

107

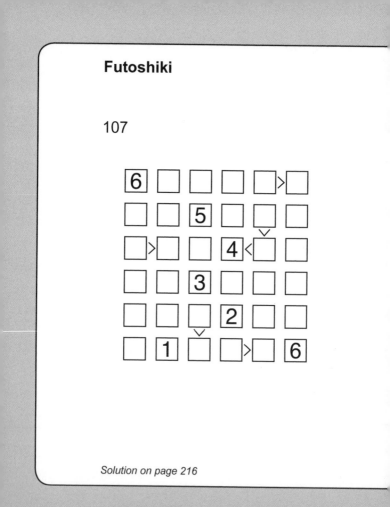

Solution on page 216

# Futoshiki

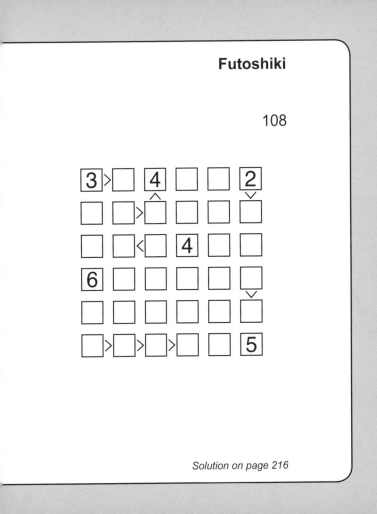

*Solution on page 216*

# Futoshiki

109

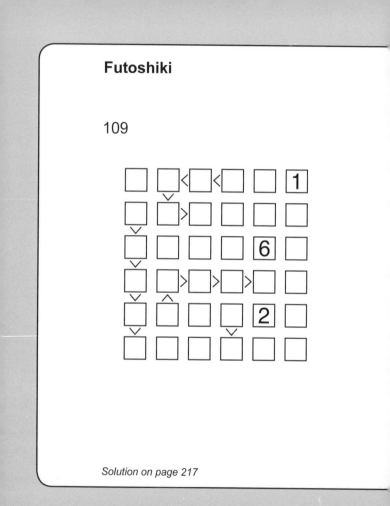

*Solution on page 217*

# Futoshiki

110

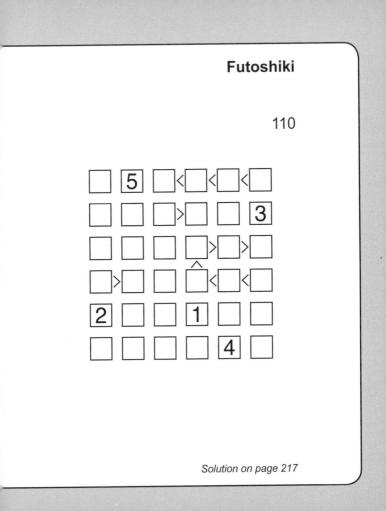

*Solution on page 217*

# Futoshiki

111

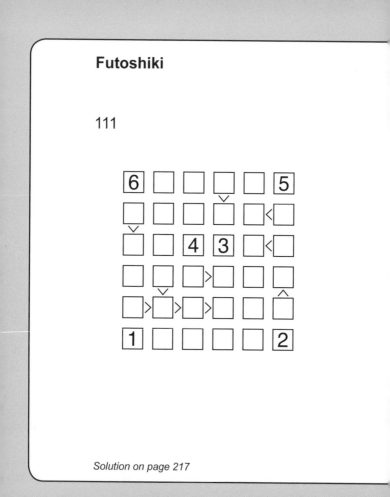

*Solution on page 217*

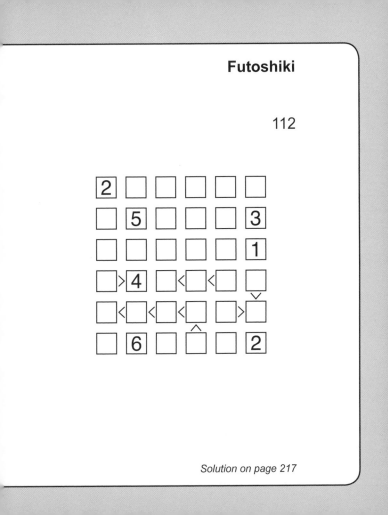

*Solution on page 217*

# Futoshiki

113

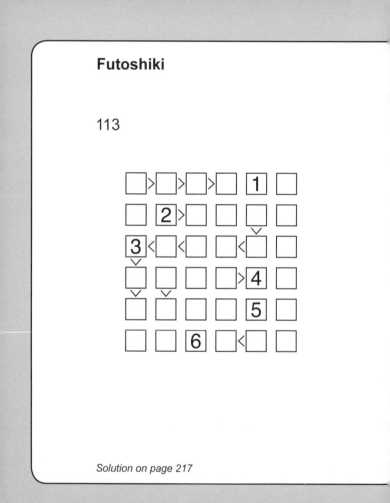

*Solution on page 217*

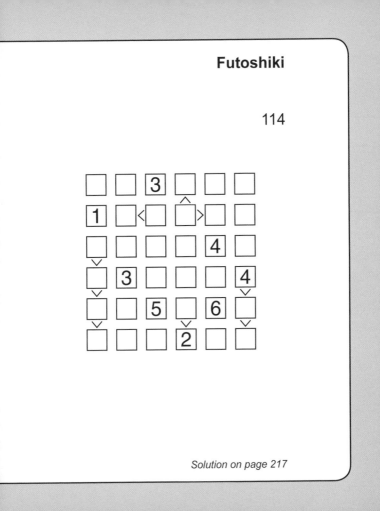

*Solution on page 217*

# Futoshiki

115

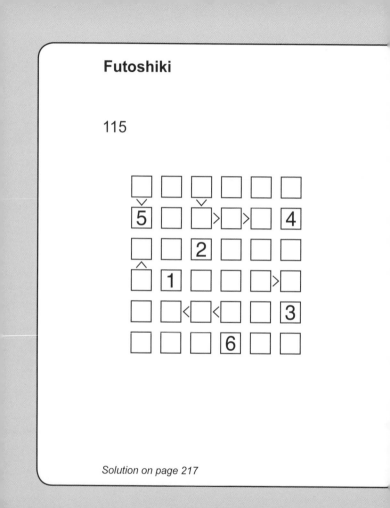

*Solution on page 217*

# Futoshiki

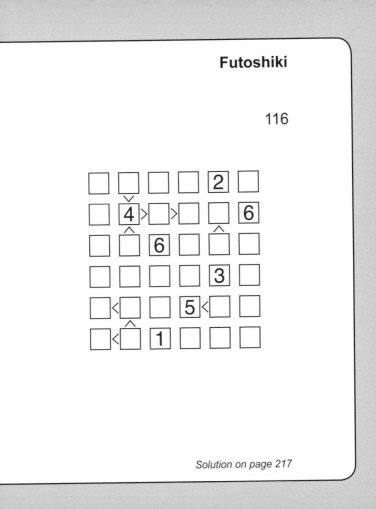

Solution on page 217

# Futoshiki

117

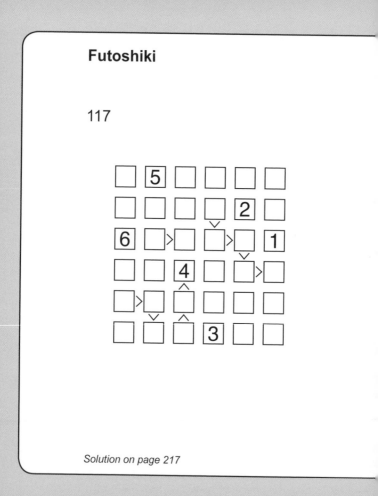

*Solution on page 217*

# Futoshiki

118

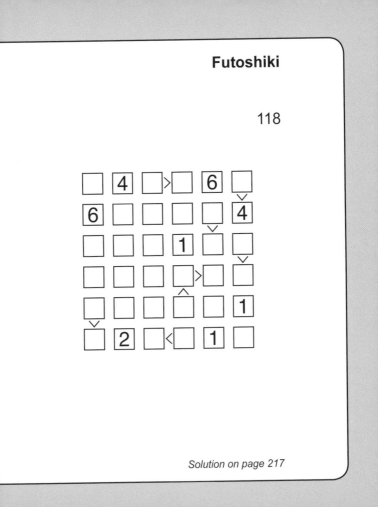

*Solution on page 217*

# Futoshiki

119

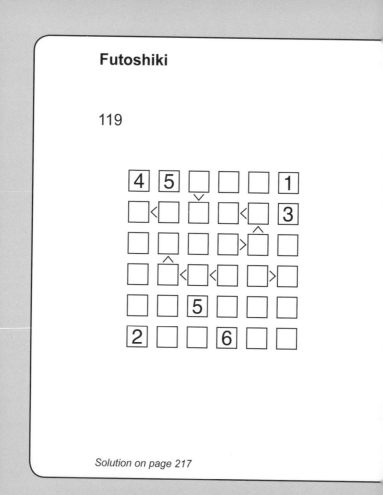

*Solution on page 217*

# Futoshiki

120

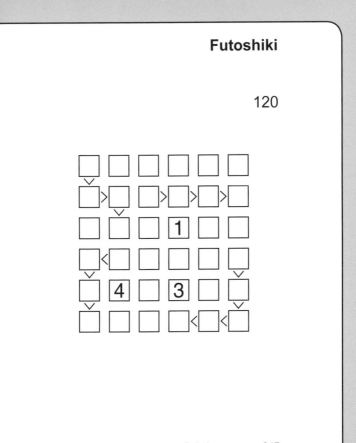

*Solution on page 217*

# Futoshiki

121

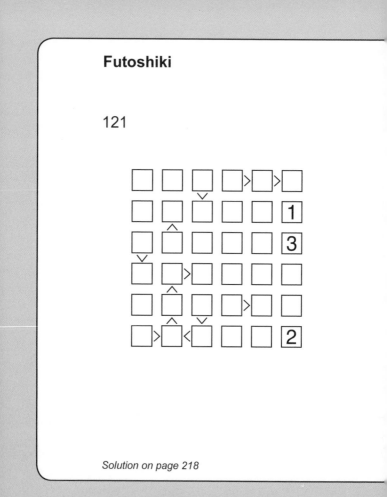

*Solution on page 218*

# Futoshiki

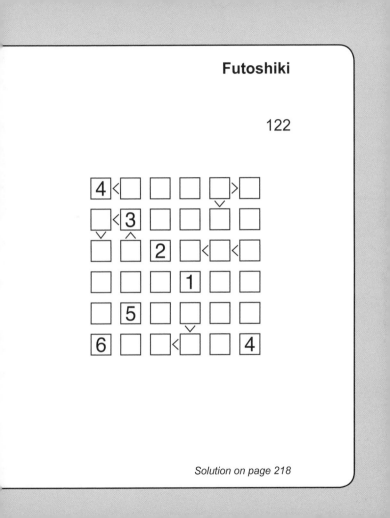

*Solution on page 218*

# Futoshiki

123

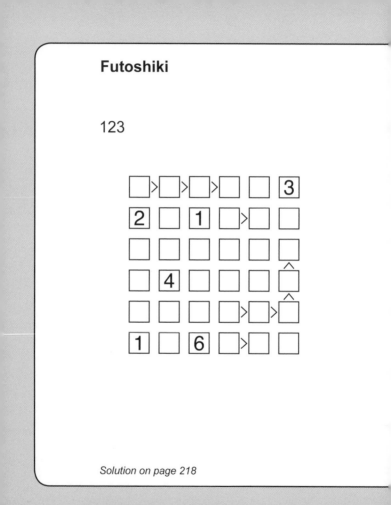

*Solution on page 218*

# Futoshiki

124

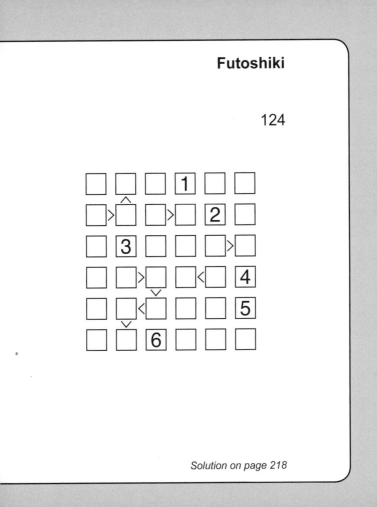

*Solution on page 218*

# Futoshiki

125

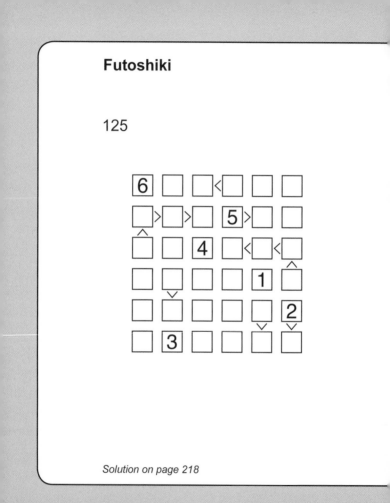

*Solution on page 218*

# Futoshiki

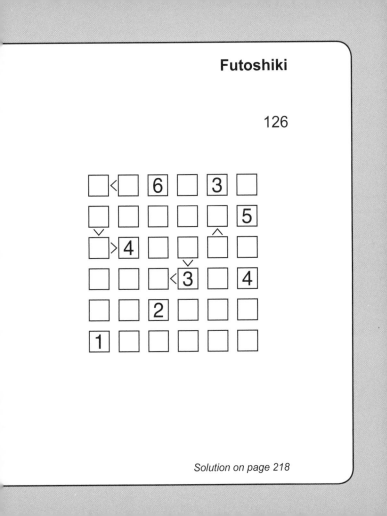

*Solution on page 218*

# Futoshiki

127

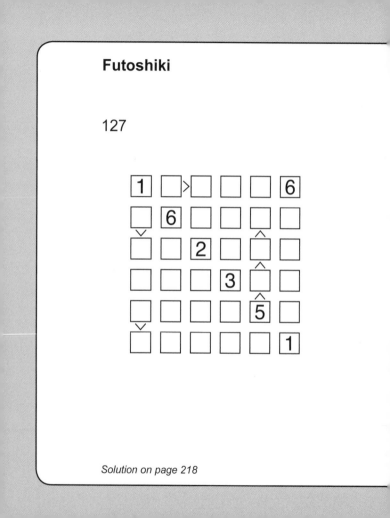

*Solution on page 218*

# Futoshiki

128

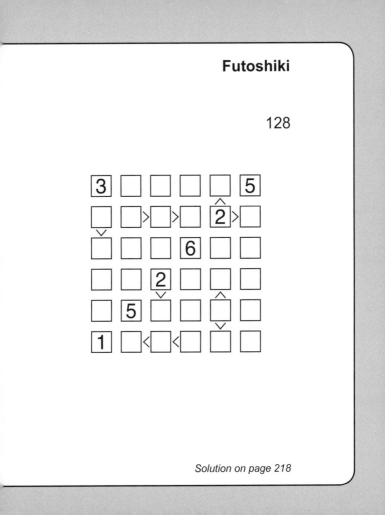

*Solution on page 218*

# Futoshiki

129

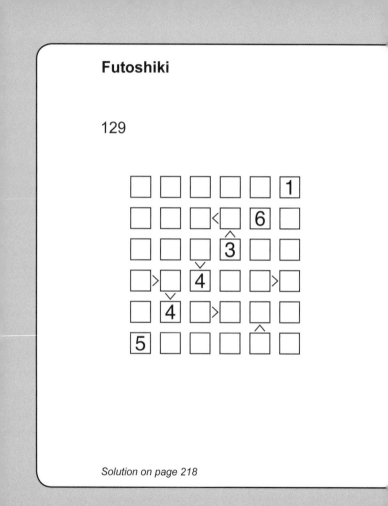

Solution on page 218

# Futoshiki

130

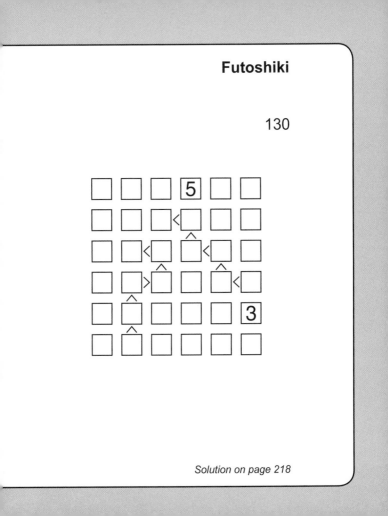

*Solution on page 218*

# Futoshiki

131

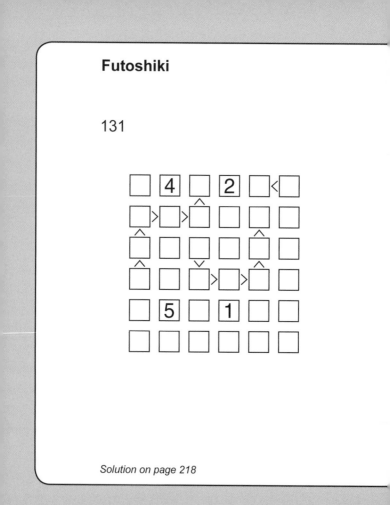

*Solution on page 218*

# Futoshiki

132

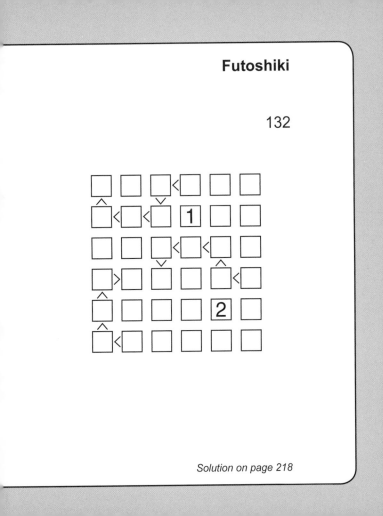

*Solution on page 218*

# Futoshiki

133

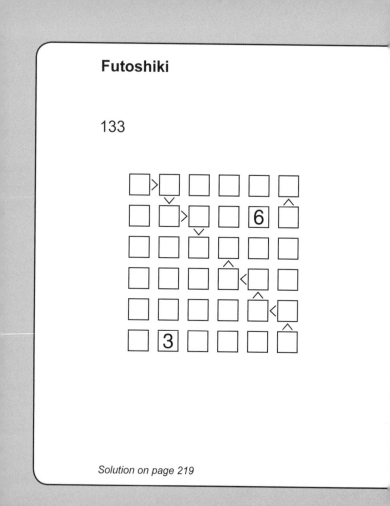

*Solution on page 219*

# Futoshiki

## 134

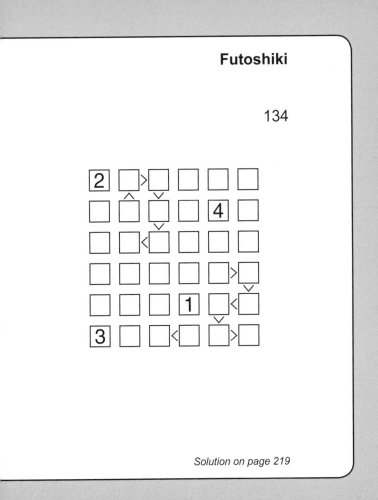

*Solution on page 219*

# Futoshiki

135

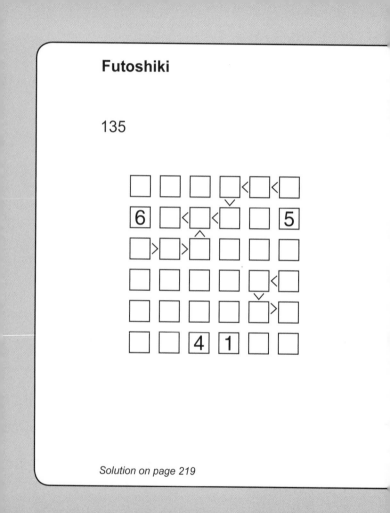

*Solution on page 219*

# Futoshiki

## 136

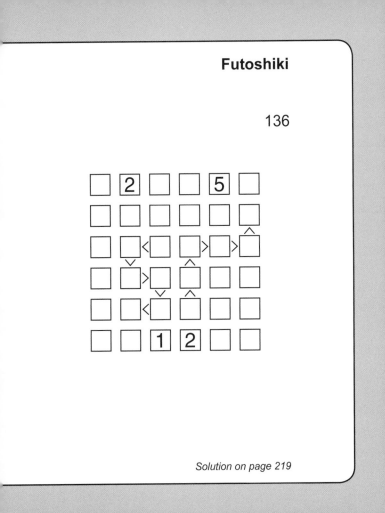

*Solution on page 219*

# Futoshiki

137

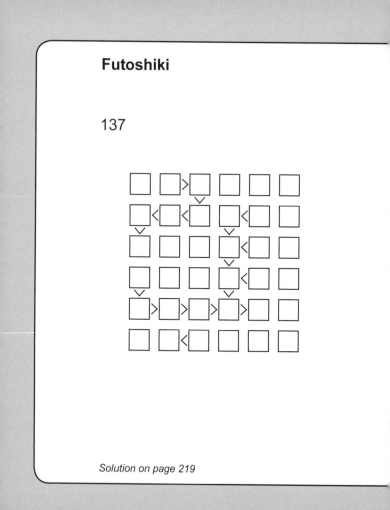

*Solution on page 219*

# Futoshiki

138

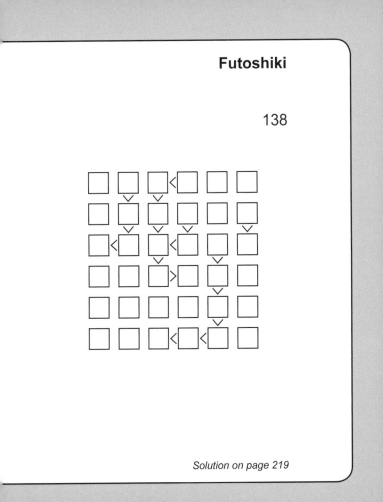

*Solution on page 219*

# Futoshiki

139

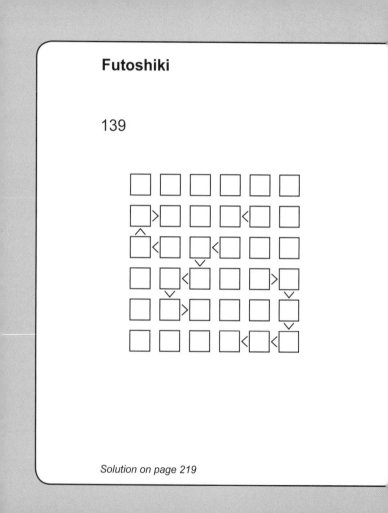

*Solution on page 219*

# Futoshiki

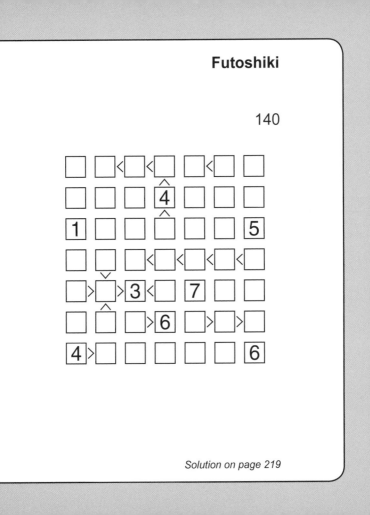

*Solution on page 219*

# Futoshiki

141

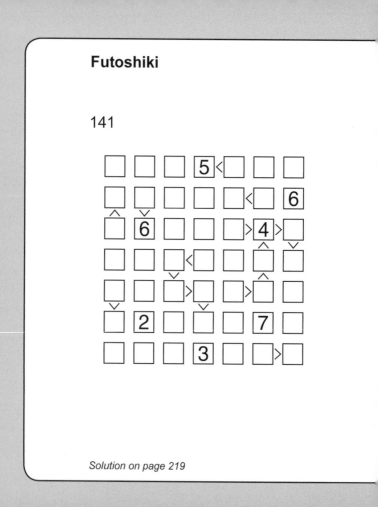

Solution on page 219

# Futoshiki

142

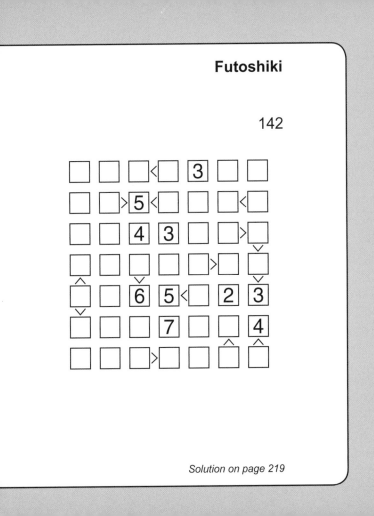

*Solution on page 219*

# Futoshiki

143

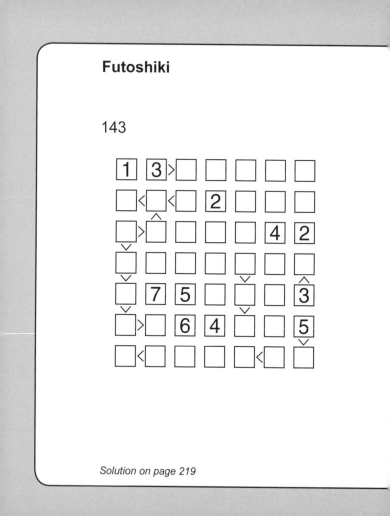

*Solution on page 219*

# Futoshiki

144

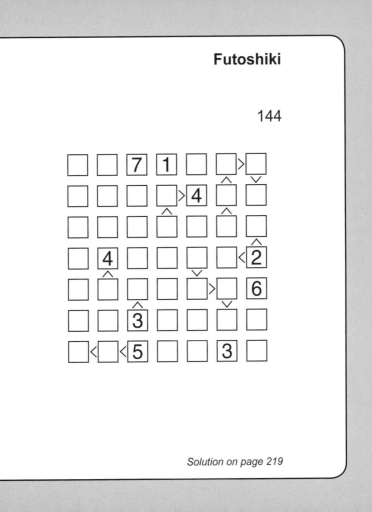

*Solution on page 219*

# Futoshiki

145

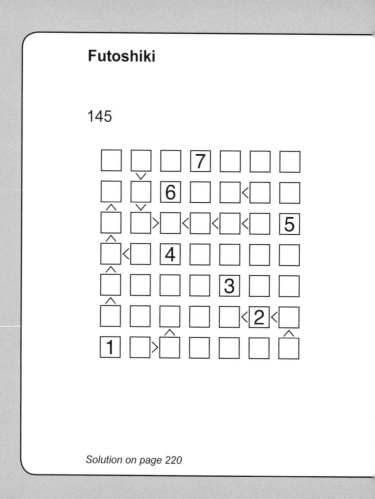

*Solution on page 220*

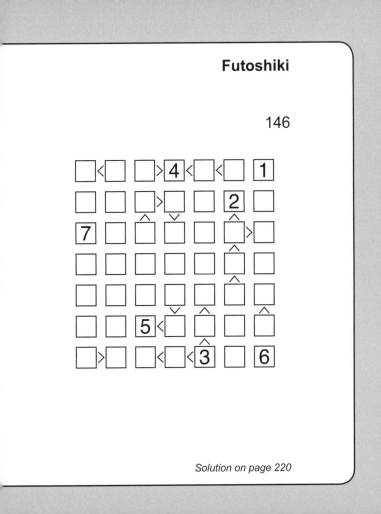

*Solution on page 220*

# Futoshiki

147

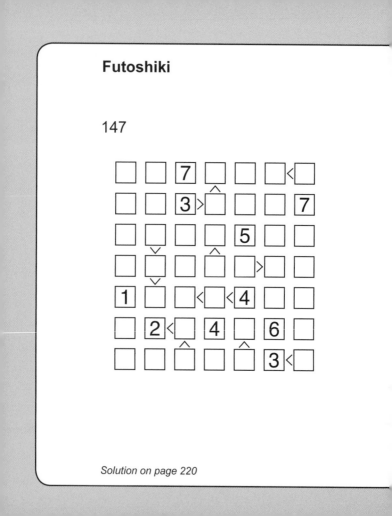

*Solution on page 220*

# Futoshiki

148

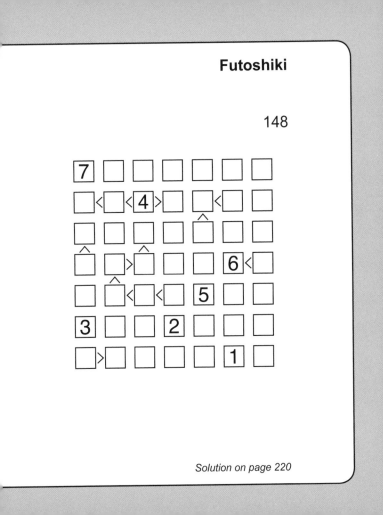

*Solution on page 220*

# Futoshiki

149

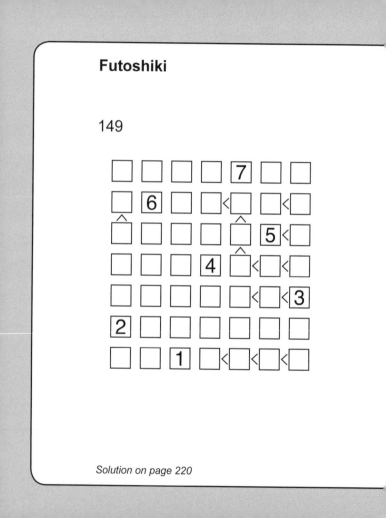

*Solution on page 220*

# Futoshiki

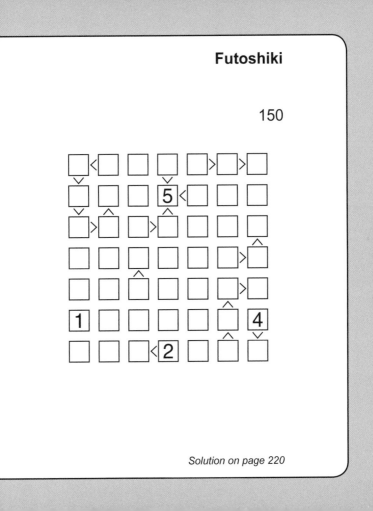

*Solution on page 220*

# Futoshiki

151

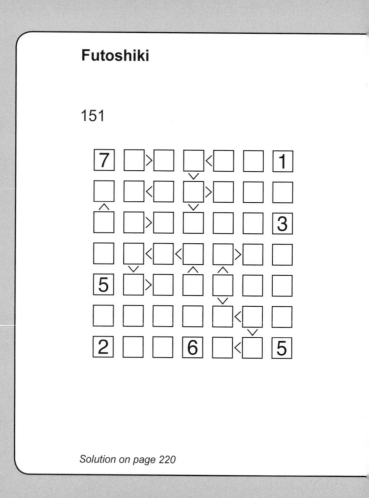

Solution on page 220

# Futoshiki

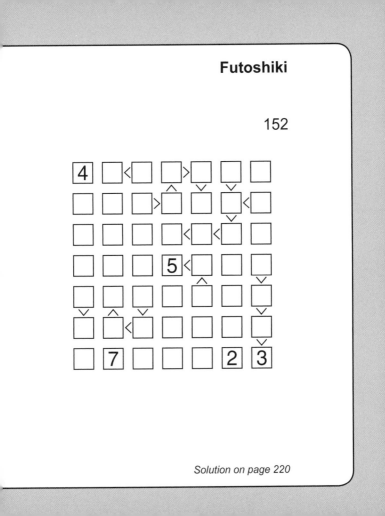

*Solution on page 220*

# Futoshiki

153

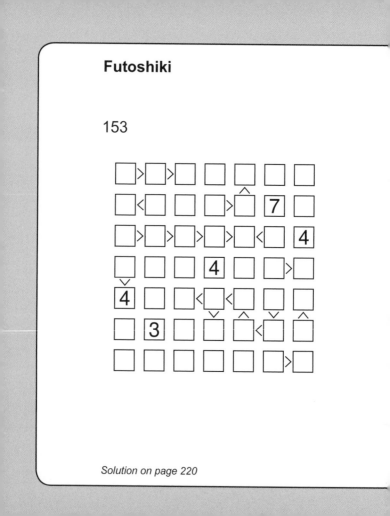

Solution on page 220

# Futoshiki

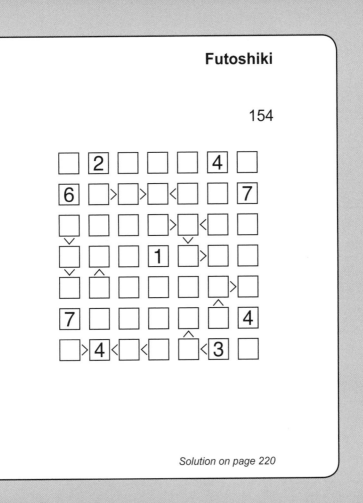

*Solution on page 220*

# Futoshiki

155

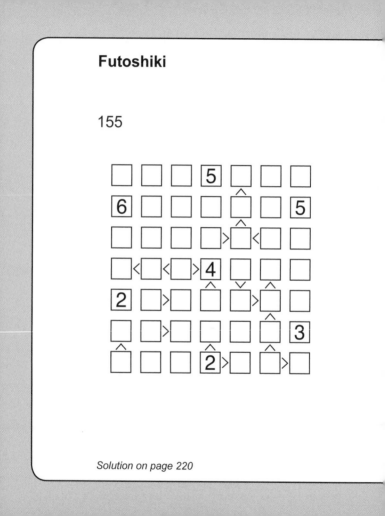

*Solution on page 220*

# Futoshiki

156

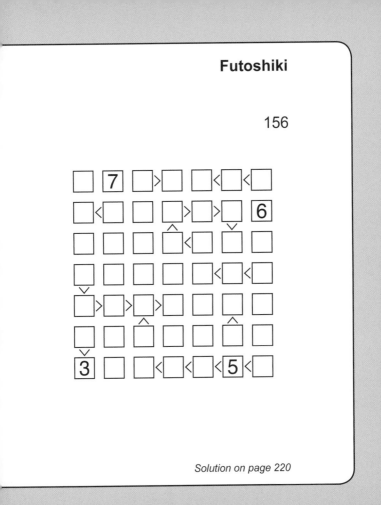

*Solution on page 220*

# Futoshiki

157

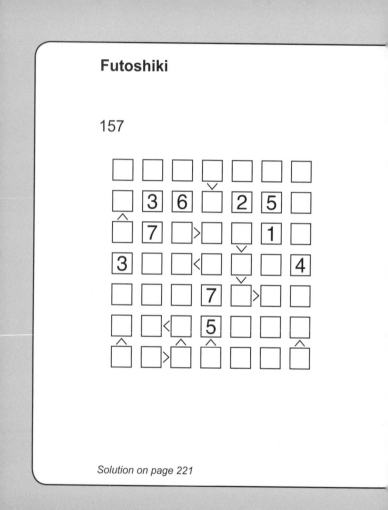

Solution on page 221

# Futoshiki

158

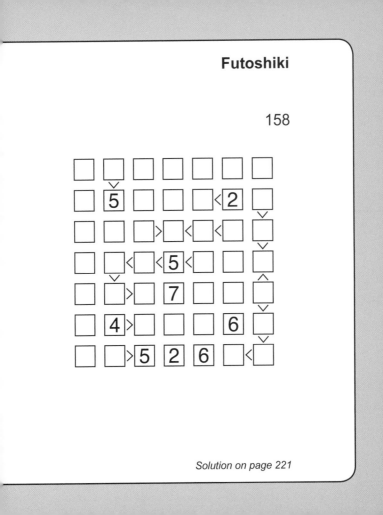

*Solution on page 221*

# Futoshiki

159

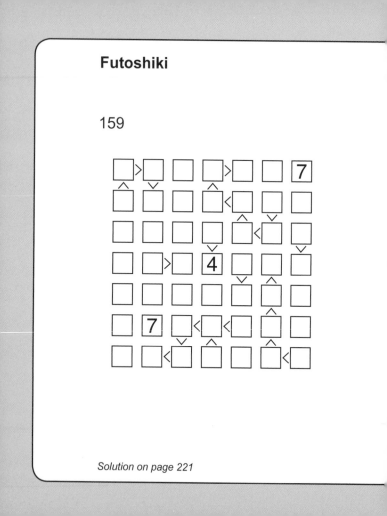

*Solution on page 221*

# Futoshiki

## 160

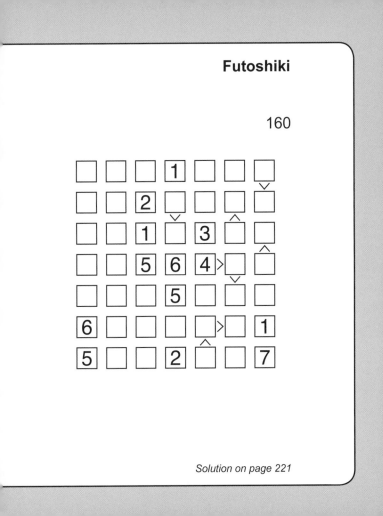

*Solution on page 221*

# Futoshiki

161

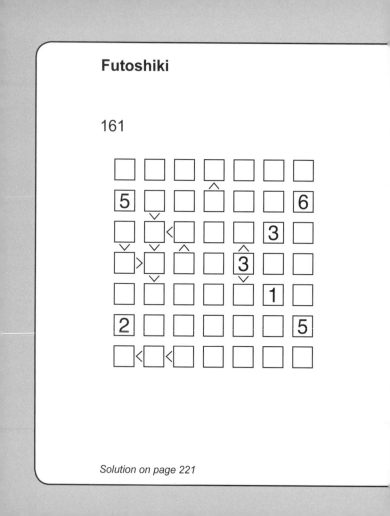

*Solution on page 221*

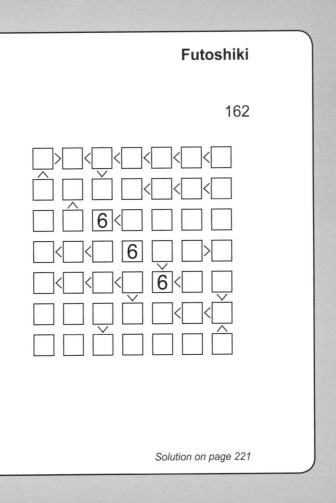

*Solution on page 221*

# Futoshiki

163

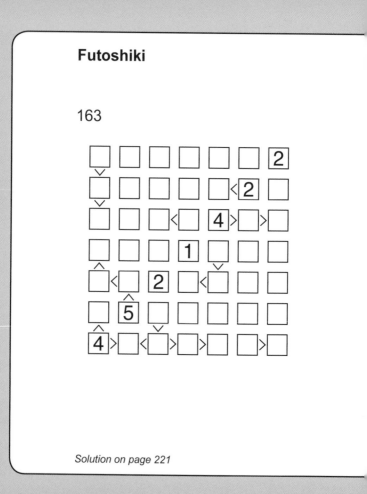

*Solution on page 221*

# Futoshiki

164

*Solution on page 221*

# Futoshiki

165

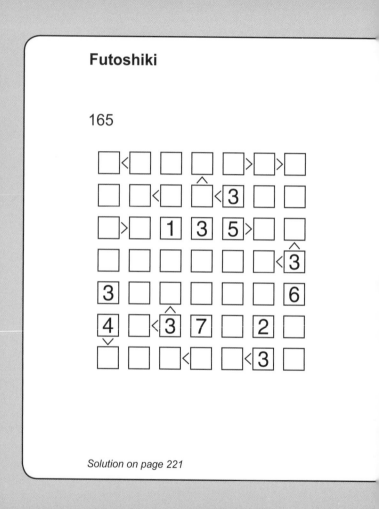

*Solution on page 221*

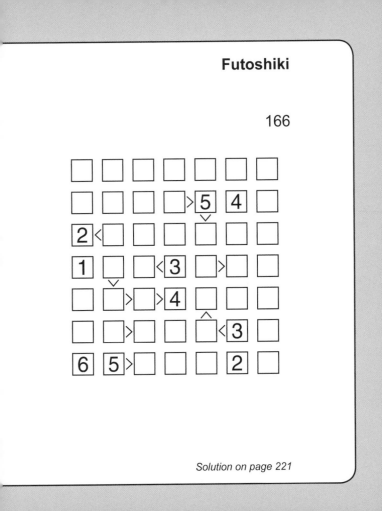

*Solution on page 221*

# Futoshiki

167

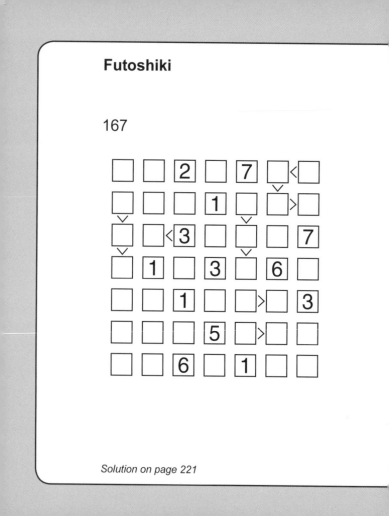

Solution on page 221

# Futoshiki

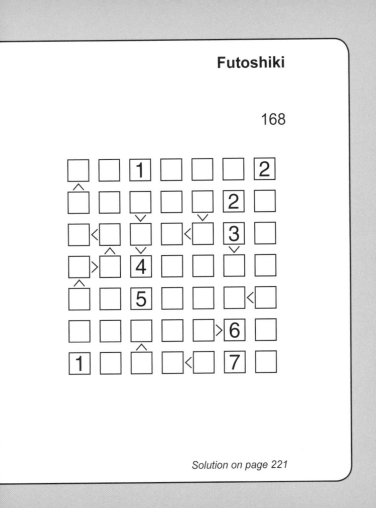

*Solution on page 221*

# Futoshiki

169

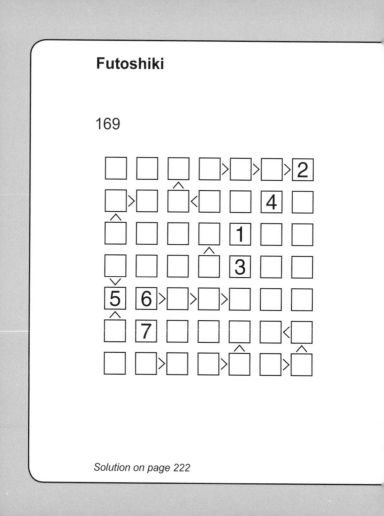

Solution on page 222

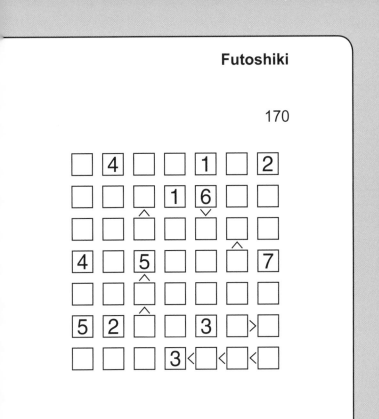

*Solution on page 222*

# Futoshiki

171

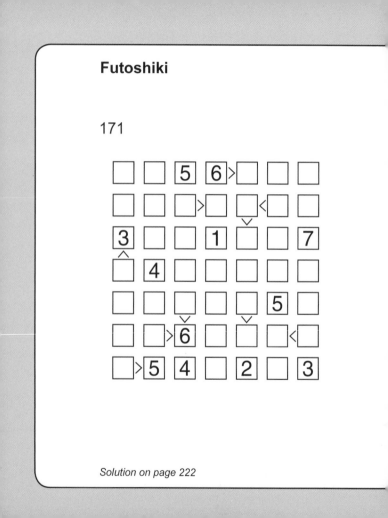

*Solution on page 222*

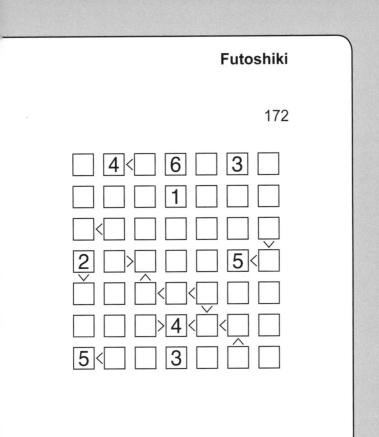

*Solution on page 222*

# Futoshiki

173

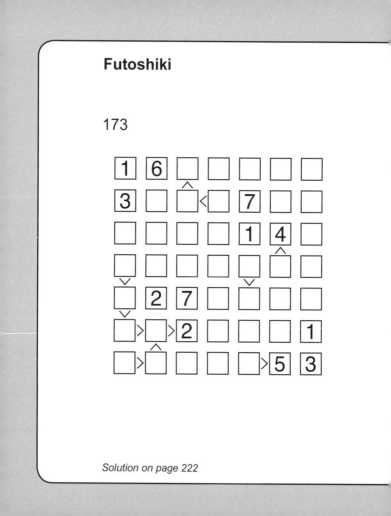

*Solution on page 222*

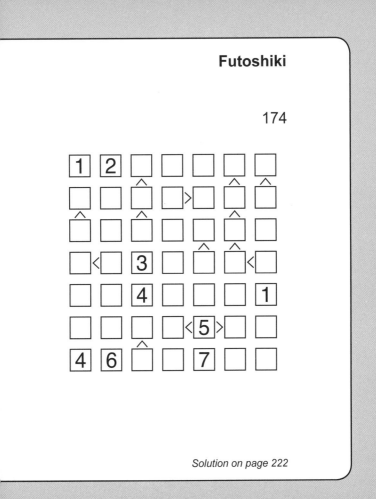

*Solution on page 222*

# Sudoku

175

|   |   |   | 6 |   |   |   |   | 3 |
|---|---|---|---|---|---|---|---|---|
|   |   |   | 3 |   | 9 | 5 |   |   |
| 3 |   | 7 |   | 2 | 4 |   | 8 |   |
|   | 3 |   |   |   | 5 | 2 | 1 |   |
|   |   | 6 | 2 | 3 |   | 4 |   |   |
|   |   | 2 |   | 4 |   |   | 9 | 8 |
| 7 |   | 3 | 4 | 1 |   | 6 |   |   |
|   |   |   |   |   | 3 |   |   |   |
|   |   | 4 |   |   |   |   |   |   |

*Solution on page 222*

|   |   |   |   |   |   |   | 3 |   |
|---|---|---|---|---|---|---|---|---|
|   |   |   |   |   | 2 |   | 4 | 9 |
|   |   |   | 4 | 8 |   |   | 6 | 2 |
|   |   | 3 |   |   | 5 |   | 7 | 8 |
| 7 |   |   |   |   |   |   |   | 6 |
| 8 | 4 |   | 3 |   |   | 1 |   |   |
| 3 | 8 |   |   | 9 | 7 |   |   |   |
| 4 | 7 |   | 1 |   |   |   |   |   |
|   | 5 |   |   |   |   |   |   |   |

*Solution on page 222*

# Sudoku

177

| | | 1 | | | | | | |
|---|---|---|---|---|---|---|---|---|
| | 8 | | | | 4 | 2 | | |
| | | | | 8 | | 5 | 1 | 3 |
| 8 | | 2 | 3 | | | | | 7 |
| 1 | | | | 7 | | 4 | | |
| 5 | | 6 | 1 | | | | | 8 |
| | | | | 5 | | 7 | 3 | 4 |
| | 2 | | | | 9 | 6 | | |
| | | 5 | | | | | | |

Solution on page 222

178

| | | | | | | | | |
|---|---|---|---|---|---|---|---|---|
| | | | | | | | | |
| 4 | 3 | | 1 | | 9 | | | |
| | 9 | | 3 | | 7 | 5 | | |
| | | 6 | 5 | | | 9 | 4 | |
| | | 7 | | | | | | |
| 9 | | | | | 3 | 2 | 6 | |
| 2 | 6 | | | 4 | 5 | | | |
| | | 9 | | | | 7 | 2 | |
| | | 3 | 2 | | | | 8 | |

*Solution on page 222*

# Sudoku

179

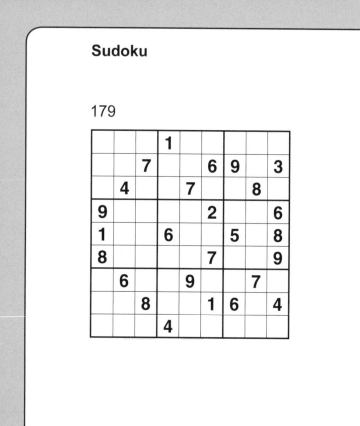

| | | | 1 | | | | | |
|---|---|---|---|---|---|---|---|---|
| | | 7 | | | 6 | 9 | | 3 |
| | 4 | | | 7 | | | 8 | |
| 9 | | | | | 2 | | | 6 |
| 1 | | | 6 | | | 5 | | 8 |
| 8 | | | | | 7 | | | 9 |
| | 6 | | | 9 | | | 7 | |
| | | 8 | | | 1 | 6 | | 4 |
| | | | 4 | | | | | |

*Solution on page 222*

|   |   |   |   |   |   |   |   |   |
|---|---|---|---|---|---|---|---|---|
|   |   |   |   |   |   |   |   |   |
|   | 6 |   |   |   | 7 |   | 2 | 9 |
|   | 9 |   |   |   | 6 | 5 |   | 1 |
|   |   |   |   | 3 | 4 | 6 |   | 8 |
|   |   | 2 |   |   |   | 3 |   |   |
| 4 |   | 8 | 6 | 5 |   |   |   |   |
| 9 |   | 6 | 7 |   |   |   | 1 |   |
| 2 | 7 |   | 3 |   |   |   | 6 |   |
|   |   |   |   |   |   |   |   |   |

*Solution on page 222*

# Sudoku

181

|   |   |   |   | 5 |   |   |   | 4 |
|---|---|---|---|---|---|---|---|---|
|   |   | 9 | 8 |   | 2 |   |   |   |
|   | 4 |   |   |   |   | 5 | 1 |   |
|   | 1 |   |   | 8 |   | 6 | 5 |   |
| 2 |   |   | 1 |   |   |   |   |   |
|   | 9 |   |   |   |   |   | 8 |   |
|   |   | 3 | 6 |   |   |   |   |   |
|   |   | 4 | 9 |   | 8 |   |   | 6 |
| 8 |   |   |   |   |   |   | 9 | 7 |

Solution on page 223

| | | 9 | | | | 8 | | |
|---|---|---|---|---|---|---|---|---|
| | 1 | | | | | | 2 | |
| 7 | | | 8 | | 2 | | | 4 |
| | | | 1 | 9 | 3 | | | |
| | | | | | | | | |
| | 2 | | | | | | 5 | |
| 8 | | 7 | | 2 | | 6 | | 5 |
| | 4 | | | | | | 1 | |
| 3 | 5 | | 9 | | 8 | | 7 | 2 |

*Solution on page 223*

# Sudoku

183

|   |   |   |   |   |   |   | 3 |   |
|---|---|---|---|---|---|---|---|---|
|   | 3 |   |   | 8 | 7 |   |   | 1 |
|   |   |   | 9 | 6 |   |   |   |   |
|   |   |   |   | 1 |   |   | 7 |   |
|   |   | 5 |   |   | 6 | 8 | 2 |   |
| 3 | 8 | 7 |   |   |   | 1 |   |   |
| 1 |   |   | 3 | 4 |   |   |   |   |
| 5 |   |   | 6 |   |   |   | 9 |   |
|   | 7 | 2 | 5 |   |   |   |   |   |

*Solution on page 223*

184

| | | | | | | | | 1 |
|---|---|---|---|---|---|---|---|---|
| | | | | 2 | 6 | | | 5 |
| | | | 7 | 5 | 1 | | 4 | |
| | | 4 | | | | | | |
| | 3 | 2 | | | 9 | 8 | | |
| | 9 | 1 | | 3 | | | | 6 |
| | | | | 7 | | | 5 | 9 |
| | | 7 | | | | 2 | | |
| 9 | 1 | | | | 5 | 6 | | 4 |

*Solution on page 223*

# Sudoku

185

| | | | | | 2 | | | |
|---|---|---|---|---|---|---|---|---|
| | | 3 | | | | | | 5 |
| | 6 | | 3 | | | 8 | 7 | |
| | | 5 | | | | | 8 | |
| | | | | 8 | 2 | 6 | | |
| 2 | | | | 1 | | | | 7 |
| | | 1 | | 8 | | | | 2 |
| | | 4 | 7 | 9 | | | | 8 |
| | 8 | | | | 3 | 7 | 5 | 1 |

*Solution on page 223*

|   |   |   |   |   | 8 |   | 5 |   |
|---|---|---|---|---|---|---|---|---|
|   |   |   |   |   |   |   |   | 9 |
|   |   |   | 6 | 5 |   | 8 | 4 |   |
|   | 7 |   |   |   |   |   | 3 | 5 |
|   | 6 |   |   |   | 4 | 2 |   |   |
| 1 |   |   |   | 7 |   |   | 8 |   |
|   | 8 |   |   | 1 |   |   |   | 6 |
| 7 |   | 4 | 9 |   | 6 |   |   |   |
|   | 2 |   | 7 |   |   | 3 |   |   |

*Solution on page 223*

# Killer Sudoku

187

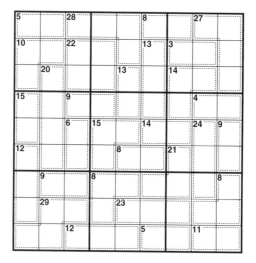

Solution on page 223

# Killer Sudoku

188

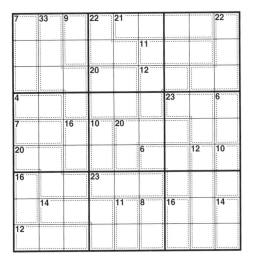

*Solution on page 223*

# Killer Sudoku

## 189

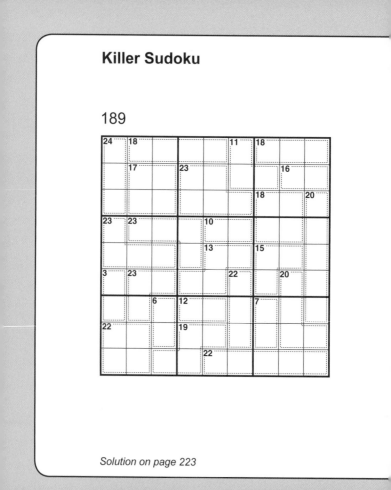

Solution on page 223

# Killer Sudoku

190

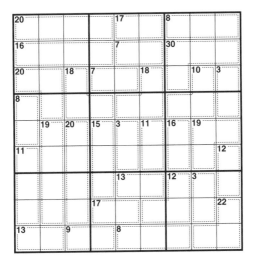

*Solution on page 223*

# Killer Sudoku

191

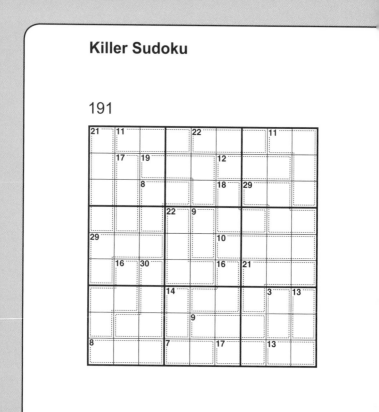

Solution on page 223

# Killer Sudoku

192

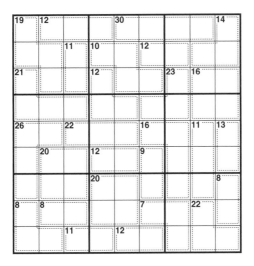

*Solution on page 223*

# Killer Sudoku

## 193

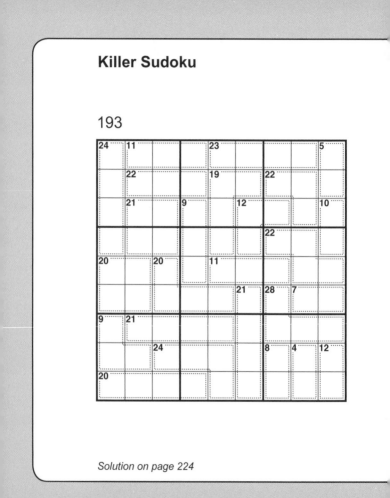

*Solution on page 224*

# Killer Sudoku

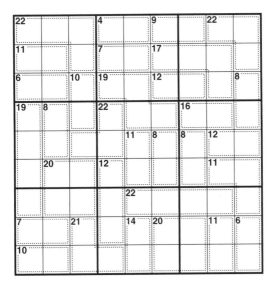

*Solution on page 224*

# Killer Sudoku

## 195

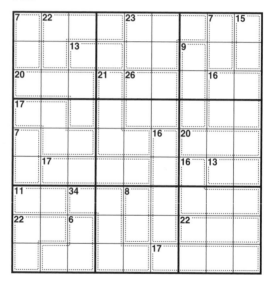

*Solution on page 224*

# Killer Sudoku

196

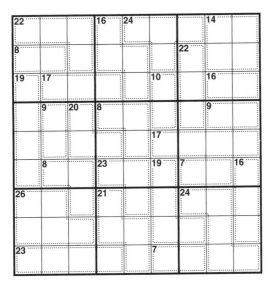

*Solution on page 224*

# Killer Sudoku

## 197

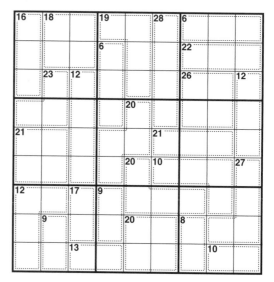

Solution on page 224

# Killer Sudoku

198

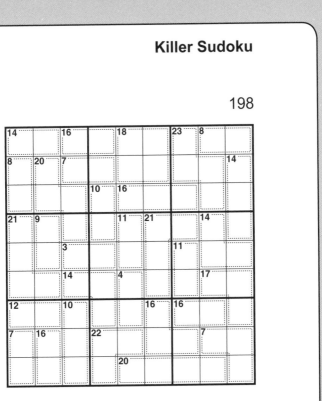

*Solution on page 224*

# Killer Sudoku

199

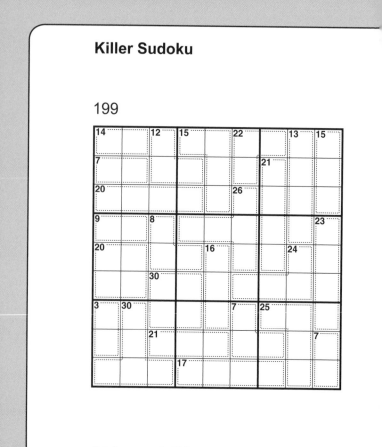

*Solution on page 224*

# Killer Sudoku

200

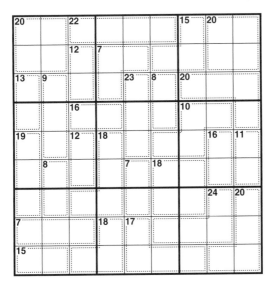

*Solution on page 224*

# Killer Sudoku

## 201

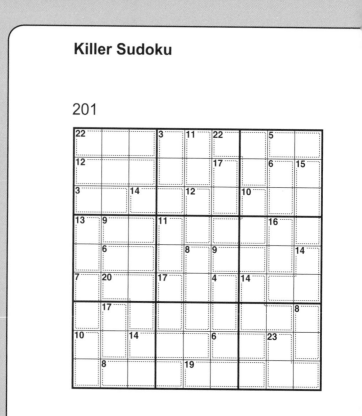

*Solution on page 224*

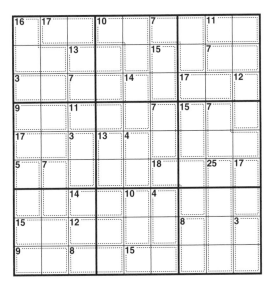

*Solution on page 224*

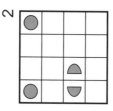

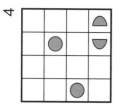

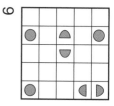

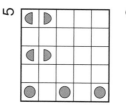

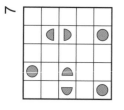

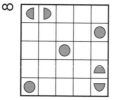

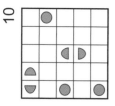

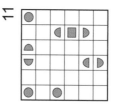

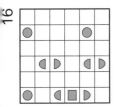
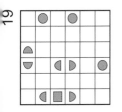
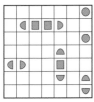

25

26

27

28

29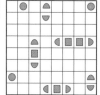

30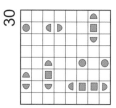

31

32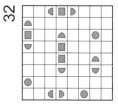

33

34

35

36

37

38

39

40

41

42

43

44

45

46

47

48

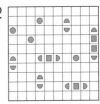

49 50 51

52 53 54

55 56 57

58 59 60

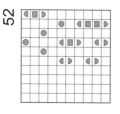

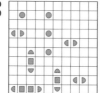
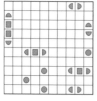

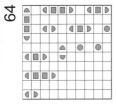

213

**73**

**74**

**75**

| 4 | 1 | 5 | 3 | 2 |
|---|---|---|---|---|
| 5 | 2 | 1 | 4 | 3 |
| 2 | 5 | 3 | 1 | 4 |
| 1 | 3 | 4 | 2 | 5 |
| 3 | 4 | 2 | 5 | 1 |

**76**

| 5 | 1 | 2 | 3 | 4 |
|---|---|---|---|---|
| 1 | 2 | 3 | 4 | 5 |
| 3 | 4 | 1 | 5 | 2 |
| 2 | 5 | 4 | 1 | 3 |
| 4 | 3 | 5 | 2 | 1 |

**77**

| 4 | 1 | 5 | 2 | 3 |
|---|---|---|---|---|
| 2 | 5 | 4 | 3 | 1 |
| 3 | 4 | 1 | 5 | 2 |
| 5 | 2 | 3 | 1 | 4 |
| 1 | 3 | 2 | 4 | 5 |

**78**

| 1 | 4 | 5 | 3 | 2 |
|---|---|---|---|---|
| 5 | 3 | 1 | 2 | 4 |
| 4 | 1 | 2 | 5 | 3 |
| 3 | 2 | 4 | 1 | 5 |
| 2 | 5 | 3 | 4 | 1 |

**79**

| 1 | 3 | 2 | 4 | 5 |
|---|---|---|---|---|
| 4 | 5 | 1 | 3 | 2 |
| 5 | 1 | 3 | 2 | 4 |
| 3 | 2 | 4 | 5 | 1 |
| 2 | 4 | 5 | 1 | 3 |

**80**

| 5 | 1 | 2 | 4 | 3 |
|---|---|---|---|---|
| 1 | 5 | 3 | 2 | 4 |
| 3 | 2 | 4 | 1 | 5 |
| 4 | 3 | 1 | 5 | 2 |
| 2 | 4 | 5 | 3 | 1 |

**81**

| 5 | 4 | 3 | 1 | 2 |
|---|---|---|---|---|
| 4 | 1 | 2 | 3 | 5 |
| 2 | 5 | 1 | 4 | 3 |
| 1 | 3 | 5 | 2 | 4 |
| 3 | 2 | 4 | 5 | 1 |

**82**

| 4 | 5 | 3 | 1 | 2 |
|---|---|---|---|---|
| 5 | 2 | 1 | 4 | 3 |
| 1 | 3 | 4 | 2 | 5 |
| 2 | 4 | 5 | 3 | 1 |
| 3 | 1 | 2 | 5 | 4 |

**83**

| 4 | 2 | 5 | 3 | 1 |
|---|---|---|---|---|
| 5 | 4 | 2 | 1 | 3 |
| 3 | 5 | 1 | 2 | 4 |
| 1 | 3 | 4 | 5 | 2 |
| 2 | 1 | 3 | 4 | 5 |

**84**

| 3 | 5 | 4 | 2 | 1 |
|---|---|---|---|---|
| 5 | 4 | 3 | 1 | 2 |
| 1 | 3 | 2 | 4 | 5 |
| 2 | 1 | 5 | 3 | 4 |
| 4 | 2 | 1 | 5 | 3 |

**85**
| 2 | 3 | 5 | 1 | 4 |
| 5 | 1 | 4 | 2 | 3 |
| 4 | 5 | 1 | 3 | 2 |
| 3 | 4 | 2 | 5 | 1 |
| 1 | 2 | 3 | 4 | 5 |

**86**
| 5 | 2 | 1 | 3 | 4 |
| 1 | 3 | 2 | 4 | 5 |
| 2 | 1 | 4 | 5 | 3 |
| 4 | 5 | 3 | 1 | 2 |
| 3 | 4 | 5 | 2 | 1 |

**87**
| 3 | 4 | 5 | 2 | 1 |
| 4 | 5 | 2 | 1 | 3 |
| 5 | 2 | 1 | 3 | 4 |
| 2 | 1 | 3 | 4 | 5 |
| 1 | 3 | 4 | 5 | 2 |

**88**
| 5 | 1 | 3 | 4 | 2 |
| 3 | 2 | 1 | 5 | 4 |
| 2 | 5 | 4 | 3 | 1 |
| 1 | 4 | 5 | 2 | 3 |
| 4 | 3 | 2 | 1 | 5 |

**89**
| 5 | 1 | 3 | 4 | 2 |
| 3 | 2 | 4 | 1 | 5 |
| 4 | 3 | 2 | 5 | 1 |
| 2 | 5 | 1 | 3 | 4 |
| 1 | 4 | 5 | 2 | 3 |

**90**
| 4 | 5 | 2 | 3 | 1 |
| 3 | 2 | 5 | 1 | 4 |
| 5 | 1 | 4 | 2 | 3 |
| 2 | 3 | 1 | 4 | 5 |
| 1 | 4 | 3 | 5 | 2 |

**91**
| 5 | 2 | 3 | 4 | 1 |
| 4 | 1 | 5 | 3 | 2 |
| 3 | 4 | 2 | 1 | 5 |
| 2 | 3 | 1 | 5 | 4 |
| 1 | 5 | 4 | 2 | 3 |

**92**
| 1 | 3 | 4 | 5 | 2 |
| 2 | 4 | 1 | 3 | 5 |
| 5 | 2 | 3 | 1 | 4 |
| 4 | 1 | 5 | 2 | 3 |
| 3 | 5 | 2 | 4 | 1 |

**93**
| 2 | 1 | 4 | 5 | 3 |
| 3 | 4 | 5 | 2 | 1 |
| 4 | 5 | 1 | 3 | 2 |
| 5 | 2 | 3 | 1 | 4 |
| 1 | 3 | 2 | 4 | 5 |

**94**
| 4 | 3 | 5 | 2 | 1 |
| 3 | 5 | 1 | 4 | 2 |
| 5 | 1 | 2 | 3 | 4 |
| 1 | 2 | 4 | 5 | 3 |
| 2 | 4 | 3 | 1 | 5 |

**95**
| 5 | 2 | 4 | 1 | 3 |
| 4 | 1 | 2 | 3 | 5 |
| 1 | 5 | 3 | 4 | 2 |
| 2 | 3 | 1 | 5 | 4 |
| 3 | 4 | 5 | 2 | 1 |

**96**
| 1 | 5 | 4 | 2 | 3 |
| 5 | 4 | 2 | 3 | 1 |
| 2 | 3 | 5 | 1 | 4 |
| 3 | 2 | 1 | 4 | 5 |
| 4 | 1 | 3 | 5 | 2 |

**97**

| | | | | |
|---|---|---|---|---|
| 4 | 3 | 5 | 2 | 1 |
| 3 | 2 | 4 | 1 | 5 |
| 5 | 4 | 1 | 3 | 2 |
| 1 | 5 | 2 | 4 | 3 |
| 2 | 1 | 3 | 5 | 4 |

**98**

| | | | | |
|---|---|---|---|---|
| 1 | 5 | 2 | 4 | 3 |
| 3 | 4 | 5 | 2 | 1 |
| 5 | 2 | 1 | 3 | 4 |
| 4 | 1 | 3 | 5 | 2 |
| 2 | 3 | 4 | 1 | 5 |

**99**

| | | | | |
|---|---|---|---|---|
| 3 | 5 | 2 | 4 | 1 |
| 5 | 2 | 4 | 1 | 3 |
| 4 | 3 | 1 | 5 | 2 |
| 2 | 1 | 5 | 3 | 4 |
| 1 | 4 | 3 | 2 | 5 |

**100**

| | | | | |
|---|---|---|---|---|
| 1 | 3 | 2 | 4 | 5 |
| 4 | 5 | 3 | 2 | 1 |
| 5 | 2 | 4 | 1 | 3 |
| 2 | 1 | 5 | 3 | 4 |
| 3 | 4 | 1 | 5 | 2 |

**101**

| | | | | |
|---|---|---|---|---|
| 5 | 4 | 3 | 2 | 1 |
| 2 | 1 | 5 | 4 | 3 |
| 4 | 3 | 2 | 1 | 5 |
| 1 | 5 | 4 | 3 | 2 |
| 3 | 2 | 1 | 5 | 4 |

**102**

| | | | | |
|---|---|---|---|---|
| 5 | 4 | 3 | 1 | 2 |
| 1 | 5 | 4 | 2 | 3 |
| 4 | 1 | 2 | 3 | 5 |
| 3 | 2 | 5 | 4 | 1 |
| 2 | 3 | 1 | 5 | 4 |

**103**

| | | | | |
|---|---|---|---|---|
| 4 | 5 | 2 | 3 | 1 |
| 3 | 2 | 1 | 4 | 5 |
| 1 | 4 | 3 | 5 | 2 |
| 5 | 1 | 4 | 2 | 3 |
| 2 | 3 | 5 | 1 | 4 |

**104**

| | | | | |
|---|---|---|---|---|
| 1 | 4 | 5 | 3 | 2 |
| 5 | 2 | 4 | 1 | 3 |
| 3 | 1 | 2 | 4 | 5 |
| 2 | 3 | 1 | 5 | 4 |
| 4 | 5 | 3 | 2 | 1 |

**105**

| | | | | | |
|---|---|---|---|---|---|
| 3 | 4 | 1 | 2 | 5 | 6 |
| 5 | 1 | 2 | 6 | 3 | 4 |
| 1 | 6 | 5 | 4 | 2 | 3 |
| 6 | 2 | 4 | 3 | 1 | 5 |
| 2 | 3 | 6 | 5 | 4 | 1 |
| 4 | 5 | 3 | 1 | 6 | 2 |

**106**

| | | | | | |
|---|---|---|---|---|---|
| 1 | 3 | 4 | 5 | 6 | 2 |
| 4 | 5 | 6 | 2 | 1 | 3 |
| 3 | 4 | 5 | 6 | 2 | 1 |
| 6 | 2 | 1 | 3 | 4 | 5 |
| 5 | 6 | 2 | 1 | 3 | 4 |
| 2 | 1 | 3 | 4 | 5 | 6 |

**107**

| | | | | | |
|---|---|---|---|---|---|
| 6 | 5 | 1 | 3 | 4 | 2 |
| 2 | 3 | 5 | 1 | 6 | 4 |
| 3 | 2 | 6 | 4 | 5 | 1 |
| 1 | 4 | 3 | 6 | 2 | 5 |
| 5 | 6 | 4 | 2 | 1 | 3 |
| 4 | 1 | 2 | 5 | 3 | 6 |

**108**

| | | | | | |
|---|---|---|---|---|---|
| 3 | 1 | 4 | 6 | 5 | 2 |
| 2 | 6 | 5 | 3 | 4 | 1 |
| 5 | 2 | 3 | 4 | 1 | 6 |
| 6 | 5 | 1 | 2 | 3 | 4 |
| 1 | 4 | 6 | 5 | 2 | 3 |
| 4 | 3 | 2 | 1 | 6 | 5 |

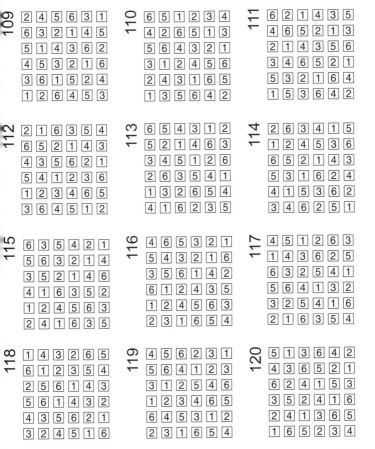

**109**
```
2 4 5 6 3 1
6 3 2 1 4 5
5 1 4 3 6 2
4 5 3 2 1 6
3 6 1 5 2 4
1 2 6 4 5 3
```

**110**
```
6 5 1 2 3 4
4 2 6 5 1 3
5 6 4 3 2 1
3 1 2 4 5 6
2 4 3 1 6 5
1 3 5 6 4 2
```

**111**
```
6 2 1 4 3 5
4 6 5 2 1 3
2 1 4 3 5 6
3 4 6 5 2 1
5 3 2 1 6 4
1 5 3 6 4 2
```

**112**
```
2 1 6 3 5 4
6 5 2 1 4 3
4 3 5 6 2 1
5 4 1 2 3 6
1 2 3 4 6 5
3 6 4 5 1 2
```

**113**
```
6 5 4 3 1 2
5 2 1 4 6 3
3 4 5 1 2 6
2 6 3 5 4 1
1 3 2 6 5 4
4 1 6 2 3 5
```

**114**
```
2 6 3 4 1 5
1 2 4 5 3 6
6 5 2 1 4 3
5 3 1 6 2 4
4 1 5 3 6 2
3 4 6 2 5 1
```

**115**
```
6 3 5 4 2 1
5 6 3 2 1 4
3 5 2 1 4 6
4 1 6 3 5 2
1 2 4 5 6 3
2 4 1 6 3 5
```

**116**
```
4 6 5 3 2 1
5 4 3 2 1 6
3 5 6 1 4 2
6 1 2 4 3 5
1 2 4 5 6 3
2 3 1 6 5 4
```

**117**
```
4 5 1 2 6 3
1 4 3 6 2 5
6 3 2 5 4 1
5 6 4 1 3 2
3 2 5 4 1 6
2 1 6 3 5 4
```

**118**
```
1 4 3 2 6 5
6 1 2 3 5 4
2 5 6 1 4 3
5 6 1 4 3 2
4 3 5 6 2 1
3 2 4 5 1 6
```

**119**
```
4 5 6 2 3 1
5 6 4 1 2 3
3 1 2 5 4 6
1 2 3 4 6 5
6 4 5 3 1 2
2 3 1 6 5 4
```

**120**
```
5 1 3 6 4 2
4 3 6 5 2 1
6 2 4 1 5 3
3 5 2 4 1 6
2 4 1 3 6 5
1 6 5 2 3 4
```

**121**

| 2 | 1 | 3 | 6 | 5 | 4 |
| 4 | 5 | 2 | 3 | 6 | 1 |
| 5 | 6 | 4 | 2 | 1 | 3 |
| 3 | 2 | 1 | 5 | 4 | 6 |
| 1 | 3 | 6 | 4 | 2 | 5 |
| 6 | 4 | 5 | 1 | 3 | 2 |

**122**

| 4 | 6 | 5 | 2 | 3 | 1 |
| 2 | 3 | 6 | 4 | 1 | 5 |
| 1 | 4 | 2 | 3 | 5 | 6 |
| 5 | 2 | 4 | 1 | 6 | 3 |
| 3 | 5 | 1 | 6 | 4 | 2 |
| 6 | 1 | 3 | 5 | 2 | 4 |

**123**

| 6 | 5 | 4 | 2 | 1 | 3 |
| 2 | 3 | 1 | 5 | 4 | 6 |
| 4 | 6 | 5 | 3 | 2 | 1 |
| 5 | 4 | 3 | 1 | 6 | 2 |
| 3 | 1 | 2 | 6 | 5 | 4 |
| 1 | 2 | 6 | 4 | 3 | 5 |

**124**

| 3 | 4 | 2 | 1 | 5 | 6 |
| 6 | 5 | 4 | 3 | 2 | 1 |
| 5 | 3 | 1 | 4 | 6 | 2 |
| 1 | 6 | 5 | 2 | 3 | 4 |
| 4 | 2 | 3 | 6 | 1 | 5 |
| 2 | 1 | 6 | 5 | 4 | 3 |

**125**

| 6 | 1 | 2 | 4 | 3 | 5 |
| 3 | 2 | 1 | 5 | 4 | 6 |
| 5 | 6 | 4 | 1 | 2 | 3 |
| 2 | 5 | 3 | 6 | 1 | 4 |
| 1 | 4 | 5 | 3 | 6 | 2 |
| 4 | 3 | 6 | 2 | 5 | 1 |

**126**

| 4 | 5 | 6 | 1 | 3 | 2 |
| 6 | 3 | 4 | 2 | 1 | 5 |
| 5 | 4 | 3 | 6 | 2 | 1 |
| 2 | 6 | 1 | 3 | 5 | 4 |
| 3 | 1 | 2 | 5 | 4 | 6 |
| 1 | 2 | 5 | 4 | 6 | 3 |

**127**

| 1 | 4 | 3 | 5 | 2 | 6 |
| 5 | 6 | 4 | 2 | 1 | 3 |
| 4 | 1 | 2 | 6 | 3 | 5 |
| 6 | 5 | 1 | 3 | 4 | 2 |
| 3 | 2 | 6 | 1 | 5 | 4 |
| 2 | 3 | 5 | 4 | 6 | 1 |

**128**

| 3 | 4 | 6 | 2 | 1 | 5 |
| 5 | 6 | 4 | 3 | 2 | 1 |
| 4 | 1 | 5 | 6 | 3 | 2 |
| 6 | 3 | 2 | 1 | 5 | 4 |
| 2 | 5 | 1 | 4 | 6 | 3 |
| 1 | 2 | 3 | 5 | 4 | 6 |

**129**

| 3 | 6 | 2 | 4 | 5 | 1 |
| 4 | 3 | 1 | 2 | 6 | 5 |
| 1 | 2 | 5 | 3 | 4 | 6 |
| 6 | 5 | 4 | 1 | 3 | 2 |
| 2 | 4 | 6 | 5 | 1 | 3 |
| 5 | 1 | 3 | 6 | 2 | 4 |

**130**

| 4 | 2 | 6 | 5 | 3 | 1 |
| 5 | 3 | 1 | 2 | 6 | 4 |
| 6 | 1 | 2 | 3 | 4 | 5 |
| 2 | 4 | 3 | 1 | 5 | 6 |
| 1 | 5 | 4 | 6 | 2 | 3 |
| 3 | 6 | 5 | 4 | 1 | 2 |

**131**

| 3 | 4 | 1 | 2 | 5 | 6 |
| 4 | 3 | 2 | 6 | 1 | 5 |
| 5 | 1 | 6 | 3 | 2 | 4 |
| 6 | 2 | 5 | 4 | 3 | 1 |
| 2 | 5 | 4 | 1 | 6 | 3 |
| 1 | 6 | 3 | 5 | 4 | 2 |

**132**

| 1 | 4 | 5 | 6 | 3 | 2 |
| 2 | 3 | 4 | 1 | 6 | 5 |
| 6 | 5 | 2 | 3 | 4 | 1 |
| 3 | 2 | 1 | 4 | 5 | 6 |
| 4 | 1 | 6 | 5 | 2 | 3 |
| 5 | 6 | 3 | 2 | 1 | 4 |

**133**

| | | | | | |
|---|---|---|---|---|---|
| 6 | 5 | 4 | 3 | 2 | 1 |
| 1 | 4 | 3 | 5 | 6 | 2 |
| 4 | 6 | 2 | 1 | 5 | 3 |
| 5 | 1 | 6 | 2 | 3 | 4 |
| 3 | 2 | 1 | 6 | 4 | 5 |
| 2 | 3 | 5 | 4 | 1 | 6 |

**134**

| | | | | | |
|---|---|---|---|---|---|
| 2 | 5 | 4 | 3 | 1 | 6 |
| 1 | 6 | 3 | 5 | 4 | 2 |
| 6 | 1 | 2 | 4 | 5 | 3 |
| 4 | 3 | 1 | 2 | 6 | 5 |
| 5 | 2 | 6 | 1 | 3 | 4 |
| 3 | 4 | 5 | 6 | 2 | 1 |

**135**

| | | | | | |
|---|---|---|---|---|---|
| 3 | 2 | 1 | 4 | 5 | 6 |
| 6 | 1 | 2 | 3 | 4 | 5 |
| 5 | 4 | 3 | 6 | 1 | 2 |
| 1 | 6 | 5 | 2 | 3 | 4 |
| 4 | 3 | 6 | 5 | 2 | 1 |
| 2 | 5 | 4 | 1 | 6 | 3 |

**136**

| | | | | | |
|---|---|---|---|---|---|
| 6 | 2 | 4 | 1 | 5 | 3 |
| 4 | 6 | 5 | 3 | 2 | 1 |
| 1 | 5 | 6 | 4 | 3 | 2 |
| 2 | 4 | 3 | 5 | 1 | 6 |
| 3 | 1 | 2 | 6 | 4 | 5 |
| 5 | 3 | 1 | 2 | 6 | 4 |

**137**

| | | | | | |
|---|---|---|---|---|---|
| 3 | 6 | 5 | 1 | 2 | 4 |
| 2 | 3 | 4 | 5 | 6 | 1 |
| 1 | 2 | 6 | 4 | 5 | 3 |
| 6 | 5 | 1 | 3 | 4 | 2 |
| 5 | 4 | 3 | 2 | 1 | 6 |
| 4 | 1 | 2 | 6 | 3 | 5 |

**138**

| | | | | | |
|---|---|---|---|---|---|
| 3 | 4 | 5 | 6 | 2 | 1 |
| 2 | 3 | 4 | 5 | 1 | 6 |
| 1 | 2 | 3 | 4 | 6 | 5 |
| 4 | 6 | 2 | 1 | 5 | 3 |
| 5 | 1 | 6 | 3 | 4 | 2 |
| 6 | 5 | 1 | 2 | 3 | 4 |

**139**

| | | | | | |
|---|---|---|---|---|---|
| 5 | 6 | 2 | 3 | 4 | 1 |
| 2 | 1 | 3 | 4 | 5 | 6 |
| 3 | 4 | 5 | 6 | 1 | 2 |
| 1 | 3 | 4 | 2 | 6 | 5 |
| 6 | 2 | 1 | 5 | 3 | 4 |
| 4 | 5 | 6 | 1 | 2 | 3 |

**140**

| | | | | | | |
|---|---|---|---|---|---|---|
| 7 | 1 | 2 | 3 | 5 | 6 | 4 |
| 2 | 7 | 6 | 4 | 1 | 5 | 3 |
| 1 | 2 | 4 | 7 | 6 | 3 | 5 |
| 5 | 6 | 1 | 2 | 3 | 4 | 7 |
| 6 | 4 | 3 | 5 | 7 | 1 | 2 |
| 3 | 5 | 7 | 6 | 4 | 2 | 1 |
| 4 | 3 | 5 | 1 | 2 | 7 | 6 |

**141**

| | | | | | | |
|---|---|---|---|---|---|---|
| 3 | 4 | 2 | 5 | 6 | 1 | 7 |
| 1 | 7 | 5 | 4 | 2 | 3 | 6 |
| 2 | 6 | 1 | 7 | 5 | 4 | 3 |
| 7 | 3 | 4 | 6 | 1 | 5 | 2 |
| 5 | 1 | 3 | 2 | 7 | 6 | 4 |
| 4 | 2 | 6 | 1 | 3 | 7 | 5 |
| 6 | 5 | 7 | 3 | 4 | 2 | 1 |

**142**

| | | | | | | |
|---|---|---|---|---|---|---|
| 7 | 5 | 2 | 4 | 3 | 6 | 1 |
| 3 | 7 | 5 | 6 | 4 | 1 | 2 |
| 5 | 2 | 4 | 3 | 1 | 7 | 6 |
| 1 | 3 | 7 | 2 | 6 | 4 | 5 |
| 4 | 1 | 6 | 5 | 7 | 2 | 3 |
| 2 | 6 | 1 | 7 | 5 | 3 | 4 |
| 6 | 4 | 3 | 1 | 2 | 5 | 7 |

**143**

| | | | | | | |
|---|---|---|---|---|---|---|
| 1 | 3 | 2 | 5 | 4 | 6 | 7 |
| 3 | 4 | 7 | 2 | 5 | 1 | 6 |
| 7 | 5 | 3 | 6 | 1 | 4 | 2 |
| 6 | 2 | 4 | 3 | 7 | 5 | 1 |
| 4 | 7 | 5 | 1 | 6 | 2 | 3 |
| 2 | 1 | 6 | 4 | 3 | 7 | 5 |
| 5 | 6 | 1 | 7 | 2 | 3 | 4 |

**144**

| | | | | | | |
|---|---|---|---|---|---|---|
| 6 | 3 | 7 | 1 | 2 | 5 | 4 |
| 7 | 1 | 2 | 5 | 4 | 6 | 3 |
| 2 | 5 | 4 | 6 | 3 | 7 | 1 |
| 5 | 4 | 6 | 3 | 7 | 1 | 2 |
| 3 | 7 | 1 | 2 | 5 | 4 | 6 |
| 4 | 6 | 3 | 7 | 1 | 2 | 5 |
| 1 | 2 | 5 | 4 | 6 | 3 | 7 |

**145**

| 3 | 4 | 2 | 7 | 5 | 6 | 1 |
|---|---|---|---|---|---|---|
| 2 | 3 | 6 | 1 | 4 | 5 | 7 |
| 4 | 2 | 1 | 3 | 6 | 7 | 5 |
| 5 | 6 | 4 | 2 | 7 | 1 | 3 |
| 6 | 1 | 7 | 5 | 3 | 4 | 2 |
| 7 | 5 | 3 | 6 | 1 | 2 | 4 |
| 1 | 7 | 5 | 4 | 2 | 3 | 6 |

**146**

| 2 | 3 | 7 | 4 | 5 | 6 | 1 |
|---|---|---|---|---|---|---|
| 6 | 1 | 4 | 3 | 7 | 2 | 5 |
| 7 | 5 | 6 | 1 | 4 | 3 | 2 |
| 1 | 2 | 3 | 5 | 6 | 4 | 7 |
| 4 | 6 | 2 | 7 | 1 | 5 | 3 |
| 3 | 7 | 5 | 6 | 2 | 1 | 4 |
| 5 | 4 | 1 | 2 | 3 | 7 | 6 |

**147**

| 4 | 3 | 7 | 1 | 6 | 2 | 5 |
|---|---|---|---|---|---|---|
| 6 | 4 | 3 | 2 | 1 | 5 | 7 |
| 3 | 7 | 1 | 6 | 5 | 4 | 2 |
| 5 | 6 | 4 | 7 | 2 | 1 | 3 |
| 1 | 5 | 2 | 3 | 4 | 7 | 6 |
| 7 | 2 | 5 | 4 | 3 | 6 | 1 |
| 2 | 1 | 6 | 5 | 7 | 3 | 4 |

**148**

| 7 | 1 | 3 | 6 | 2 | 5 | 4 |
|---|---|---|---|---|---|---|
| 1 | 2 | 4 | 3 | 6 | 7 | 5 |
| 4 | 6 | 1 | 5 | 7 | 2 | 3 |
| 5 | 3 | 2 | 1 | 4 | 6 | 7 |
| 2 | 4 | 6 | 7 | 5 | 3 | 1 |
| 3 | 7 | 5 | 2 | 1 | 4 | 6 |
| 6 | 5 | 7 | 4 | 3 | 1 | 2 |

**149**

| 3 | 4 | 5 | 6 | 7 | 1 | 2 |
|---|---|---|---|---|---|---|
| 5 | 6 | 7 | 1 | 2 | 3 | 4 |
| 7 | 1 | 2 | 3 | 4 | 5 | 6 |
| 1 | 2 | 3 | 4 | 5 | 6 | 7 |
| 4 | 5 | 6 | 7 | 1 | 2 | 3 |
| 2 | 3 | 4 | 5 | 6 | 7 | 1 |
| 6 | 7 | 1 | 2 | 3 | 4 | 5 |

**150**

| 5 | 6 | 4 | 7 | 3 | 2 | 1 |
|---|---|---|---|---|---|---|
| 4 | 1 | 2 | 5 | 6 | 3 | 7 |
| 3 | 2 | 7 | 6 | 4 | 1 | 5 |
| 2 | 5 | 3 | 4 | 1 | 7 | 6 |
| 6 | 3 | 5 | 1 | 7 | 4 | 2 |
| 1 | 7 | 6 | 3 | 2 | 5 | 4 |
| 7 | 4 | 1 | 2 | 5 | 6 | 3 |

**151**

| 7 | 6 | 3 | 4 | 5 | 2 | 1 |
|---|---|---|---|---|---|---|
| 3 | 4 | 5 | 2 | 1 | 7 | 6 |
| 4 | 5 | 2 | 1 | 7 | 6 | 3 |
| 6 | 3 | 4 | 5 | 2 | 1 | 7 |
| 5 | 2 | 1 | 7 | 6 | 3 | 4 |
| 1 | 7 | 6 | 3 | 4 | 5 | 2 |
| 2 | 1 | 7 | 6 | 3 | 4 | 5 |

**152**

| 4 | 5 | 6 | 3 | 2 | 7 | 1 |
|---|---|---|---|---|---|---|
| 2 | 3 | 7 | 4 | 1 | 5 | 6 |
| 7 | 6 | 5 | 1 | 3 | 4 | 2 |
| 3 | 4 | 2 | 5 | 6 | 1 | 7 |
| 6 | 1 | 4 | 2 | 7 | 3 | 5 |
| 1 | 2 | 3 | 7 | 5 | 6 | 4 |
| 5 | 7 | 1 | 6 | 4 | 2 | 3 |

**153**

| 6 | 4 | 3 | 5 | 2 | 1 | 7 |
|---|---|---|---|---|---|---|
| 1 | 2 | 4 | 6 | 5 | 7 | 3 |
| 7 | 6 | 5 | 3 | 1 | 2 | 4 |
| 5 | 1 | 6 | 4 | 7 | 3 | 2 |
| 4 | 7 | 1 | 2 | 3 | 6 | 5 |
| 2 | 3 | 7 | 1 | 4 | 5 | 6 |
| 3 | 5 | 2 | 7 | 6 | 4 | 1 |

**154**

| 1 | 2 | 5 | 3 | 7 | 4 | 6 |
|---|---|---|---|---|---|---|
| 6 | 5 | 4 | 2 | 3 | 1 | 7 |
| 4 | 1 | 3 | 6 | 5 | 7 | 2 |
| 3 | 6 | 7 | 1 | 4 | 2 | 5 |
| 2 | 7 | 1 | 4 | 6 | 5 | 3 |
| 7 | 3 | 2 | 5 | 1 | 6 | 4 |
| 5 | 4 | 6 | 7 | 2 | 3 | 1 |

**155**

| 4 | 1 | 2 | 5 | 3 | 6 | 7 |
|---|---|---|---|---|---|---|
| 6 | 2 | 7 | 3 | 4 | 1 | 5 |
| 3 | 4 | 1 | 6 | 5 | 7 | 2 |
| 1 | 3 | 5 | 4 | 7 | 2 | 6 |
| 2 | 5 | 4 | 7 | 6 | 3 | 1 |
| 5 | 7 | 6 | 1 | 2 | 4 | 3 |
| 7 | 6 | 3 | 2 | 1 | 5 | 4 |

**156**

| 2 | 7 | 6 | 3 | 1 | 4 | 5 |
|---|---|---|---|---|---|---|
| 1 | 5 | 7 | 4 | 3 | 2 | 6 |
| 7 | 3 | 4 | 5 | 6 | 1 | 2 |
| 6 | 1 | 5 | 7 | 2 | 3 | 4 |
| 5 | 4 | 2 | 1 | 7 | 6 | 3 |
| 4 | 2 | 3 | 6 | 5 | 7 | 1 |
| 3 | 6 | 1 | 2 | 4 | 5 | 7 |

**157**

| | | | | | | |
|---|---|---|---|---|---|---|
| 2 | 5 | 7 | 4 | 3 | 6 | 1 |
| 4 | 3 | 6 | 1 | 2 | 5 | 7 |
| 5 | 7 | 4 | 3 | 6 | 1 | 2 |
| 3 | 6 | 1 | 2 | 5 | 7 | 4 |
| 1 | 2 | 5 | 7 | 4 | 3 | 6 |
| 6 | 1 | 2 | 5 | 7 | 4 | 3 |
| 7 | 4 | 3 | 6 | 1 | 2 | 5 |

**158**

| | | | | | | |
|---|---|---|---|---|---|---|
| 5 | 6 | 7 | 3 | 2 | 4 | 1 |
| 4 | 5 | 3 | 6 | 1 | 2 | 7 |
| 2 | 1 | 6 | 4 | 5 | 7 | 3 |
| 6 | 3 | 4 | 5 | 7 | 1 | 2 |
| 3 | 2 | 1 | 7 | 4 | 5 | 6 |
| 7 | 4 | 2 | 1 | 3 | 6 | 5 |
| 1 | 7 | 5 | 2 | 6 | 3 | 4 |

**159**

| | | | | | | |
|---|---|---|---|---|---|---|
| 4 | 3 | 6 | 2 | 1 | 5 | 7 |
| 5 | 2 | 1 | 3 | 4 | 7 | 6 |
| 1 | 4 | 2 | 7 | 5 | 6 | 3 |
| 3 | 6 | 5 | 4 | 7 | 1 | 2 |
| 6 | 5 | 7 | 1 | 3 | 2 | 4 |
| 2 | 7 | 4 | 5 | 6 | 3 | 1 |
| 7 | 1 | 3 | 6 | 2 | 4 | 5 |

**160**

| | | | | | | |
|---|---|---|---|---|---|---|
| 4 | 3 | 6 | 1 | 2 | 7 | 5 |
| 3 | 6 | 2 | 7 | 1 | 5 | 4 |
| 7 | 5 | 1 | 4 | 3 | 6 | 2 |
| 1 | 7 | 5 | 6 | 4 | 2 | 3 |
| 2 | 4 | 3 | 5 | 7 | 1 | 6 |
| 6 | 2 | 7 | 3 | 5 | 4 | 1 |
| 5 | 1 | 4 | 2 | 6 | 3 | 7 |

**161**

| | | | | | | |
|---|---|---|---|---|---|---|
| 3 | 6 | 2 | 1 | 5 | 7 | 4 |
| 5 | 7 | 1 | 3 | 4 | 2 | 6 |
| 7 | 5 | 6 | 4 | 1 | 3 | 2 |
| 6 | 4 | 7 | 2 | 3 | 5 | 1 |
| 4 | 3 | 5 | 6 | 2 | 1 | 7 |
| 2 | 1 | 3 | 7 | 6 | 4 | 5 |
| 1 | 2 | 4 | 5 | 7 | 6 | 3 |

**162**

| | | | | | | |
|---|---|---|---|---|---|---|
| 4 | 1 | 2 | 3 | 5 | 6 | 7 |
| 7 | 4 | 1 | 2 | 3 | 5 | 6 |
| 3 | 5 | 6 | 7 | 4 | 1 | 2 |
| 2 | 3 | 5 | 6 | 7 | 4 | 1 |
| 1 | 2 | 3 | 5 | 6 | 7 | 4 |
| 5 | 6 | 7 | 4 | 1 | 2 | 3 |
| 6 | 7 | 4 | 1 | 2 | 3 | 5 |

**163**

| | | | | | | |
|---|---|---|---|---|---|---|
| 7 | 3 | 1 | 6 | 5 | 4 | 2 |
| 6 | 7 | 3 | 4 | 1 | 2 | 5 |
| 5 | 2 | 6 | 7 | 4 | 3 | 1 |
| 2 | 6 | 4 | 1 | 7 | 5 | 3 |
| 3 | 4 | 2 | 5 | 6 | 1 | 7 |
| 1 | 5 | 7 | 2 | 3 | 6 | 4 |
| 4 | 1 | 5 | 3 | 2 | 7 | 6 |

**164**

| | | | | | | |
|---|---|---|---|---|---|---|
| 3 | 2 | 1 | 4 | 7 | 5 | 6 |
| 7 | 5 | 6 | 1 | 4 | 3 | 2 |
| 6 | 3 | 7 | 5 | 2 | 4 | 1 |
| 4 | 1 | 2 | 7 | 3 | 6 | 5 |
| 2 | 4 | 3 | 6 | 5 | 1 | 7 |
| 5 | 6 | 4 | 2 | 1 | 7 | 3 |
| 1 | 7 | 5 | 3 | 6 | 2 | 4 |

**165**

| | | | | | | |
|---|---|---|---|---|---|---|
| 2 | 3 | 5 | 1 | 7 | 6 | 4 |
| 5 | 4 | 6 | 2 | 3 | 7 | 1 |
| 7 | 6 | 1 | 3 | 5 | 4 | 2 |
| 6 | 2 | 7 | 5 | 4 | 1 | 3 |
| 3 | 7 | 2 | 4 | 1 | 5 | 6 |
| 4 | 1 | 3 | 7 | 6 | 2 | 5 |
| 1 | 5 | 4 | 6 | 2 | 3 | 7 |

**166**

| | | | | | | |
|---|---|---|---|---|---|---|
| 4 | 1 | 7 | 2 | 3 | 6 | 5 |
| 7 | 2 | 3 | 6 | 5 | 4 | 1 |
| 2 | 3 | 6 | 5 | 4 | 1 | 7 |
| 1 | 7 | 2 | 3 | 6 | 5 | 4 |
| 3 | 6 | 5 | 4 | 1 | 7 | 2 |
| 5 | 4 | 1 | 7 | 2 | 3 | 6 |
| 6 | 5 | 4 | 1 | 7 | 2 | 3 |

**167**

| | | | | | | |
|---|---|---|---|---|---|---|
| 1 | 3 | 2 | 4 | 7 | 5 | 6 |
| 7 | 4 | 5 | 1 | 6 | 3 | 2 |
| 5 | 2 | 3 | 6 | 4 | 1 | 7 |
| 4 | 1 | 7 | 3 | 2 | 6 | 5 |
| 2 | 6 | 1 | 7 | 5 | 4 | 3 |
| 6 | 7 | 4 | 5 | 3 | 2 | 1 |
| 3 | 5 | 6 | 2 | 1 | 7 | 4 |

**168**

| | | | | | | |
|---|---|---|---|---|---|---|
| 4 | 7 | 1 | 6 | 3 | 5 | 2 |
| 5 | 3 | 7 | 4 | 6 | 2 | 1 |
| 2 | 4 | 6 | 1 | 5 | 3 | 7 |
| 6 | 5 | 4 | 7 | 2 | 1 | 3 |
| 7 | 2 | 5 | 3 | 1 | 4 | 6 |
| 3 | 1 | 2 | 5 | 7 | 6 | 4 |
| 1 | 6 | 3 | 2 | 4 | 7 | 5 |

**169**

| 4 | 5 | 1 | 7 | 6 | 3 | 2 |
| 2 | 1 | 3 | 5 | 7 | 4 | 6 |
| 3 | 4 | 7 | 2 | 1 | 6 | 5 |
| 7 | 2 | 6 | 4 | 3 | 5 | 1 |
| 5 | 6 | 4 | 3 | 2 | 1 | 7 |
| 6 | 7 | 5 | 1 | 4 | 2 | 3 |
| 1 | 3 | 2 | 6 | 5 | 7 | 4 |

**170**

| 6 | 4 | 3 | 5 | 1 | 7 | 2 |
| 7 | 3 | 2 | 1 | 6 | 4 | 5 |
| 1 | 6 | 4 | 7 | 5 | 2 | 3 |
| 4 | 1 | 5 | 6 | 2 | 3 | 7 |
| 3 | 5 | 6 | 2 | 7 | 1 | 4 |
| 5 | 2 | 7 | 4 | 3 | 6 | 1 |
| 2 | 7 | 1 | 3 | 4 | 5 | 6 |

**171**

| 7 | 3 | 5 | 6 | 4 | 2 | 1 |
| 4 | 1 | 3 | 2 | 6 | 7 | 5 |
| 3 | 6 | 2 | 1 | 5 | 4 | 7 |
| 5 | 4 | 1 | 3 | 7 | 6 | 2 |
| 1 | 2 | 7 | 4 | 3 | 5 | 6 |
| 2 | 7 | 6 | 5 | 1 | 3 | 4 |
| 6 | 5 | 4 | 7 | 2 | 1 | 3 |

**172**

| 7 | 4 | 5 | 6 | 2 | 3 | 1 |
| 6 | 2 | 3 | 1 | 7 | 4 | 5 |
| 4 | 5 | 6 | 2 | 3 | 1 | 7 |
| 2 | 3 | 1 | 7 | 4 | 5 | 6 |
| 1 | 7 | 4 | 5 | 6 | 2 | 3 |
| 3 | 1 | 7 | 4 | 5 | 6 | 2 |
| 5 | 6 | 2 | 3 | 1 | 7 | 4 |

**173**

| 1 | 6 | 4 | 5 | 2 | 3 | 7 |
| 3 | 1 | 5 | 6 | 7 | 2 | 4 |
| 2 | 7 | 6 | 3 | 1 | 4 | 5 |
| 6 | 5 | 3 | 1 | 4 | 7 | 2 |
| 5 | 2 | 7 | 4 | 3 | 1 | 6 |
| 4 | 3 | 2 | 7 | 5 | 6 | 1 |
| 7 | 4 | 1 | 2 | 6 | 5 | 3 |

**174**

| 1 | 2 | 5 | 7 | 6 | 3 | 4 |
| 3 | 7 | 6 | 2 | 1 | 4 | 5 |
| 6 | 1 | 7 | 4 | 3 | 5 | 2 |
| 2 | 5 | 3 | 1 | 4 | 6 | 7 |
| 5 | 3 | 4 | 6 | 2 | 7 | 1 |
| 7 | 4 | 1 | 3 | 5 | 2 | 6 |
| 4 | 6 | 2 | 5 | 7 | 1 | 3 |

**175**

| 9 | 4 | 5 | 6 | 8 | 1 | 7 | 2 | 3 |
| 8 | 2 | 1 | 3 | 7 | 9 | 5 | 6 | 4 |
| 3 | 6 | 7 | 5 | 2 | 4 | 9 | 8 | 1 |
| 4 | 3 | 8 | 7 | 9 | 5 | 2 | 1 | 6 |
| 1 | 9 | 6 | 2 | 3 | 4 | 8 | 7 | 5 |
| 5 | 7 | 2 | 1 | 4 | 6 | 3 | 9 | 8 |
| 7 | 8 | 3 | 4 | 1 | 2 | 6 | 5 | 9 |
| 2 | 5 | 9 | 8 | 6 | 3 | 1 | 4 | 7 |
| 6 | 1 | 4 | 9 | 5 | 7 | 8 | 3 | 2 |

**176**

| 2 | 6 | 4 | 7 | 5 | 9 | 8 | 3 | 1 |
| 5 | 3 | 8 | 6 | 1 | 2 | 7 | 4 | 9 |
| 1 | 9 | 7 | 4 | 8 | 3 | 5 | 6 | 2 |
| 6 | 1 | 3 | 9 | 2 | 5 | 4 | 7 | 8 |
| 7 | 2 | 5 | 8 | 4 | 1 | 3 | 9 | 6 |
| 8 | 4 | 9 | 3 | 7 | 6 | 1 | 2 | 5 |
| 3 | 8 | 6 | 5 | 9 | 7 | 2 | 1 | 4 |
| 4 | 7 | 2 | 1 | 6 | 8 | 9 | 5 | 3 |
| 9 | 5 | 1 | 2 | 3 | 4 | 6 | 8 | 7 |

**177**

| 7 | 5 | 1 | 9 | 2 | 3 | 8 | 4 | 6 |
| 6 | 8 | 3 | 5 | 1 | 4 | 2 | 7 | 9 |
| 2 | 9 | 4 | 7 | 8 | 6 | 5 | 1 | 3 |
| 8 | 4 | 2 | 3 | 9 | 5 | 1 | 6 | 7 |
| 1 | 3 | 9 | 6 | 7 | 8 | 4 | 2 | 5 |
| 5 | 7 | 6 | 1 | 4 | 2 | 3 | 9 | 8 |
| 9 | 6 | 8 | 2 | 5 | 1 | 7 | 3 | 4 |
| 4 | 2 | 7 | 8 | 3 | 9 | 6 | 5 | 1 |
| 3 | 1 | 5 | 4 | 6 | 7 | 9 | 8 | 2 |

**178**

| 7 | 8 | 1 | 4 | 5 | 6 | 3 | 9 | 2 |
| 4 | 3 | 5 | 1 | 2 | 9 | 6 | 7 | 8 |
| 6 | 9 | 2 | 3 | 8 | 7 | 5 | 1 | 4 |
| 8 | 1 | 6 | 5 | 7 | 2 | 9 | 4 | 3 |
| 3 | 2 | 7 | 9 | 6 | 4 | 8 | 5 | 1 |
| 9 | 5 | 4 | 8 | 1 | 3 | 2 | 6 | 7 |
| 2 | 6 | 8 | 7 | 4 | 5 | 1 | 3 | 9 |
| 1 | 4 | 9 | 6 | 3 | 8 | 7 | 2 | 5 |
| 5 | 7 | 3 | 2 | 9 | 1 | 4 | 8 | 6 |

**179**

| 3 | 8 | 9 | 1 | 5 | 4 | 2 | 6 | 7 |
| 5 | 1 | 7 | 8 | 2 | 6 | 9 | 4 | 3 |
| 6 | 4 | 2 | 9 | 7 | 3 | 1 | 8 | 5 |
| 9 | 5 | 4 | 3 | 8 | 2 | 7 | 1 | 6 |
| 1 | 7 | 3 | 6 | 4 | 9 | 5 | 2 | 8 |
| 8 | 2 | 6 | 5 | 1 | 7 | 4 | 3 | 9 |
| 4 | 6 | 5 | 2 | 9 | 8 | 3 | 7 | 1 |
| 2 | 9 | 8 | 7 | 3 | 1 | 6 | 5 | 4 |
| 7 | 3 | 1 | 4 | 6 | 5 | 8 | 9 | 2 |

**180**

| 1 | 2 | 5 | 9 | 8 | 3 | 7 | 4 | 6 |
| 3 | 6 | 4 | 5 | 1 | 7 | 8 | 2 | 9 |
| 8 | 9 | 7 | 4 | 2 | 6 | 5 | 3 | 1 |
| 7 | 1 | 9 | 2 | 3 | 4 | 6 | 5 | 8 |
| 6 | 5 | 2 | 8 | 7 | 1 | 3 | 9 | 4 |
| 4 | 3 | 8 | 6 | 5 | 9 | 1 | 7 | 2 |
| 9 | 8 | 6 | 7 | 4 | 5 | 2 | 1 | 3 |
| 2 | 7 | 1 | 3 | 9 | 8 | 4 | 6 | 5 |
| 5 | 4 | 3 | 1 | 6 | 2 | 9 | 8 | 7 |

**181**

|   |   | 3 | 8 | 7 | 5 | 1 | 9 | 2 | 4 |
|---|---|---|---|---|---|---|---|---|---|
|   |   | 5 | 9 | 8 | 4 | 2 | 7 | 6 | 3 |
|   |   | 4 | 2 | 3 | 9 | 6 | 5 | 1 | 8 |
| 3 | 1 | 7 | 4 | 8 | 9 | 6 | 5 | 2 |   |
| 2 | 8 | 5 | 1 | 6 | 3 | 4 | 7 | 9 |   |
| 4 | 9 | 6 | 2 | 7 | 5 | 3 | 8 | 1 |   |
| 9 | 2 | 3 | 6 | 1 | 7 | 8 | 4 | 5 |   |
| 5 | 7 | 4 | 9 | 2 | 8 | 1 | 3 | 6 |   |
| 8 | 6 | 1 | 5 | 3 | 4 | 2 | 9 | 7 |   |

**182**

| 2 | 3 | 9 | 5 | 4 | 7 | 8 | 6 | 1 |
|---|---|---|---|---|---|---|---|---|
| 4 | 1 | 8 | 6 | 3 | 9 | 5 | 2 | 7 |
| 7 | 6 | 5 | 8 | 1 | 2 | 3 | 9 | 4 |
| 5 | 7 | 4 | 1 | 9 | 3 | 2 | 8 | 6 |
| 1 | 8 | 3 | 2 | 5 | 6 | 7 | 4 | 9 |
| 9 | 2 | 6 | 7 | 8 | 4 | 1 | 5 | 3 |
| 8 | 9 | 7 | 4 | 2 | 1 | 6 | 3 | 5 |
| 6 | 4 | 2 | 3 | 7 | 5 | 9 | 1 | 8 |
| 3 | 5 | 1 | 9 | 6 | 8 | 4 | 7 | 2 |

**183**

| 8 | 6 | 4 | 1 | 2 | 5 | 9 | 3 | 7 |
|---|---|---|---|---|---|---|---|---|
| 2 | 3 | 9 | 4 | 8 | 7 | 6 | 5 | 1 |
| 7 | 5 | 1 | 9 | 6 | 3 | 4 | 8 | 2 |
| 9 | 2 | 6 | 8 | 1 | 4 | 5 | 7 | 3 |
| 4 | 1 | 5 | 7 | 3 | 6 | 8 | 2 | 9 |
| 3 | 8 | 7 | 2 | 5 | 9 | 1 | 4 | 6 |
| 1 | 9 | 8 | 3 | 4 | 2 | 7 | 6 | 5 |
| 5 | 4 | 3 | 6 | 7 | 1 | 2 | 9 | 8 |
| 6 | 7 | 2 | 5 | 9 | 8 | 3 | 1 | 4 |

**184**

| 2 | 7 | 5 | 9 | 4 | 8 | 3 | 6 | 1 |
|---|---|---|---|---|---|---|---|---|
| 1 | 4 | 9 | 3 | 2 | 6 | 7 | 8 | 5 |
| 3 | 8 | 6 | 7 | 5 | 1 | 9 | 4 | 2 |
| 7 | 6 | 4 | 8 | 1 | 2 | 5 | 9 | 3 |
| 5 | 3 | 2 | 4 | 6 | 9 | 8 | 1 | 7 |
| 8 | 9 | 1 | 5 | 3 | 7 | 4 | 2 | 6 |
| 4 | 2 | 8 | 6 | 7 | 3 | 1 | 5 | 9 |
| 6 | 5 | 7 | 1 | 9 | 4 | 2 | 3 | 8 |
| 9 | 1 | 3 | 2 | 8 | 5 | 6 | 7 | 4 |

**185**

| 7 | 5 | 9 | 8 | 4 | 2 | 3 | 1 | 6 |
|---|---|---|---|---|---|---|---|---|
| 8 | 4 | 3 | 1 | 6 | 7 | 9 | 2 | 5 |
| 1 | 6 | 2 | 3 | 5 | 9 | 8 | 7 | 4 |
| 6 | 9 | 5 | 2 | 7 | 4 | 1 | 8 | 3 |
| 4 | 1 | 7 | 5 | 3 | 8 | 2 | 6 | 9 |
| 2 | 3 | 8 | 9 | 1 | 6 | 5 | 4 | 7 |
| 3 | 7 | 1 | 6 | 8 | 5 | 4 | 9 | 2 |
| 5 | 2 | 4 | 7 | 9 | 1 | 6 | 3 | 8 |
| 9 | 8 | 6 | 4 | 2 | 3 | 7 | 5 | 1 |

**186**

| 4 | 6 | 2 | 1 | 9 | 8 | 7 | 5 | 3 |
|---|---|---|---|---|---|---|---|---|
| 8 | 7 | 5 | 4 | 2 | 3 | 1 | 6 | 9 |
| 3 | 1 | 9 | 6 | 5 | 7 | 8 | 4 | 2 |
| 2 | 4 | 7 | 8 | 6 | 1 | 9 | 3 | 5 |
| 9 | 8 | 6 | 5 | 3 | 4 | 2 | 1 | 7 |
| 1 | 5 | 3 | 2 | 7 | 9 | 6 | 8 | 4 |
| 5 | 9 | 8 | 3 | 1 | 2 | 4 | 7 | 6 |
| 7 | 3 | 4 | 9 | 8 | 6 | 5 | 2 | 1 |
| 6 | 2 | 1 | 7 | 4 | 5 | 3 | 9 | 8 |

**187**

| 3 | 2 | 6 | 9 | 5 | 1 | 7 | 4 | 8 |
|---|---|---|---|---|---|---|---|---|
| 5 | 4 | 9 | 3 | 8 | 7 | 1 | 2 | 6 |
| 1 | 7 | 8 | 2 | 6 | 4 | 3 | 5 | 9 |
| 8 | 9 | 5 | 4 | 7 | 2 | 6 | 1 | 3 |
| 7 | 3 | 4 | 6 | 1 | 9 | 5 | 8 | 2 |
| 6 | 1 | 2 | 8 | 3 | 5 | 4 | 9 | 7 |
| 4 | 6 | 3 | 5 | 2 | 8 | 9 | 7 | 1 |
| 2 | 5 | 7 | 1 | 9 | 6 | 8 | 3 | 4 |
| 9 | 8 | 1 | 7 | 4 | 3 | 2 | 6 | 5 |

**188**

| 1 | 7 | 3 | 9 | 2 | 6 | 5 | 8 | 4 |
|---|---|---|---|---|---|---|---|---|
| 4 | 9 | 6 | 5 | 8 | 7 | 1 | 3 | 2 |
| 2 | 8 | 5 | 3 | 1 | 4 | 6 | 7 | 9 |
| 3 | 1 | 4 | 7 | 9 | 2 | 8 | 6 | 5 |
| 5 | 2 | 7 | 6 | 3 | 8 | 4 | 9 | 1 |
| 8 | 6 | 9 | 4 | 5 | 1 | 3 | 2 | 7 |
| 7 | 5 | 1 | 8 | 6 | 9 | 2 | 4 | 3 |
| 9 | 3 | 8 | 2 | 4 | 5 | 7 | 1 | 6 |
| 6 | 4 | 2 | 1 | 7 | 3 | 9 | 5 | 8 |

**189**

| 7 | 1 | 3 | 5 | 9 | 2 | 8 | 4 | 6 |
|---|---|---|---|---|---|---|---|---|
| 8 | 2 | 5 | 4 | 1 | 6 | 3 | 9 | 7 |
| 9 | 4 | 6 | 3 | 8 | 7 | 2 | 1 | 5 |
| 3 | 5 | 1 | 9 | 6 | 4 | 7 | 8 | 2 |
| 4 | 7 | 9 | 8 | 2 | 3 | 5 | 6 | 1 |
| 2 | 6 | 8 | 1 | 7 | 5 | 4 | 3 | 9 |
| 1 | 9 | 4 | 7 | 5 | 8 | 6 | 2 | 3 |
| 5 | 3 | 2 | 6 | 4 | 9 | 1 | 7 | 8 |
| 6 | 8 | 7 | 2 | 3 | 1 | 9 | 5 | 4 |

**190**

| 5 | 2 | 6 | 7 | 8 | 9 | 1 | 4 | 3 |
|---|---|---|---|---|---|---|---|---|
| 4 | 8 | 3 | 1 | 5 | 2 | 6 | 7 | 9 |
| 9 | 7 | 1 | 3 | 4 | 6 | 8 | 5 | 2 |
| 6 | 4 | 8 | 9 | 7 | 5 | 2 | 3 | 1 |
| 2 | 3 | 9 | 4 | 1 | 8 | 7 | 6 | 5 |
| 7 | 1 | 5 | 6 | 2 | 3 | 9 | 8 | 4 |
| 1 | 9 | 4 | 5 | 6 | 7 | 3 | 2 | 8 |
| 3 | 6 | 2 | 8 | 9 | 4 | 5 | 1 | 7 |
| 8 | 5 | 7 | 2 | 3 | 1 | 4 | 9 | 6 |

**191**

| 8 | 2 | 4 | 5 | 9 | 6 | 7 | 3 | 1 |
|---|---|---|---|---|---|---|---|---|
| 9 | 7 | 1 | 3 | 8 | 2 | 4 | 6 | 5 |
| 3 | 6 | 5 | 1 | 7 | 4 | 9 | 8 | 2 |
| 1 | 4 | 2 | 9 | 3 | 8 | 6 | 5 | 7 |
| 5 | 8 | 9 | 7 | 6 | 1 | 2 | 4 | 3 |
| 7 | 3 | 6 | 4 | 2 | 5 | 1 | 9 | 8 |
| 2 | 5 | 8 | 6 | 4 | 7 | 3 | 1 | 9 |
| 6 | 9 | 7 | 8 | 1 | 3 | 5 | 2 | 4 |
| 4 | 1 | 3 | 2 | 5 | 9 | 8 | 7 | 6 |

**192**

| 1 | 4 | 3 | 5 | 8 | 9 | 7 | 6 | 2 |
|---|---|---|---|---|---|---|---|---|
| 2 | 9 | 6 | 1 | 3 | 7 | 5 | 4 | 8 |
| 8 | 7 | 5 | 6 | 4 | 2 | 9 | 3 | 1 |
| 9 | 3 | 1 | 4 | 2 | 8 | 6 | 5 | 7 |
| 5 | 8 | 7 | 9 | 6 | 1 | 3 | 2 | 4 |
| 6 | 2 | 4 | 7 | 5 | 3 | 8 | 1 | 9 |
| 7 | 5 | 9 | 2 | 1 | 6 | 4 | 8 | 3 |
| 3 | 6 | 2 | 8 | 9 | 4 | 1 | 7 | 5 |
| 4 | 1 | 8 | 3 | 7 | 5 | 2 | 9 | 6 |

**193**

| 8 | 2 | 5 | 4 | 6 | 9 | 1 | 7 | 3 |
|---|---|---|---|---|---|---|---|---|
| 4 | 9 | 6 | 7 | 1 | 3 | 8 | 5 | 2 |
| 7 | 1 | 3 | 5 | 8 | 2 | 4 | 9 | 6 |
| 5 | 8 | 9 | 1 | 7 | 6 | 3 | 2 | 4 |
| 6 | 7 | 1 | 3 | 2 | 4 | 5 | 8 | 9 |
| 3 | 4 | 2 | 8 | 9 | 5 | 7 | 6 | 1 |
| 2 | 3 | 7 | 6 | 5 | 1 | 9 | 4 | 8 |
| 1 | 6 | 8 | 9 | 4 | 7 | 2 | 3 | 5 |
| 9 | 5 | 4 | 2 | 3 | 8 | 6 | 1 | 7 |

**194**

| 8 | 9 | 2 | 3 | 1 | 4 | 5 | 7 | 6 |
|---|---|---|---|---|---|---|---|---|
| 4 | 7 | 3 | 2 | 5 | 6 | 8 | 1 | 9 |
| 5 | 1 | 6 | 7 | 9 | 8 | 4 | 2 | 3 |
| 3 | 6 | 4 | 8 | 2 | 1 | 7 | 9 | 5 |
| 1 | 2 | 5 | 9 | 7 | 3 | 6 | 4 | 8 |
| 9 | 8 | 7 | 6 | 4 | 5 | 2 | 3 | 1 |
| 6 | 4 | 1 | 5 | 3 | 2 | 9 | 8 | 7 |
| 2 | 5 | 9 | 1 | 8 | 7 | 3 | 6 | 4 |
| 7 | 3 | 8 | 4 | 6 | 9 | 1 | 5 | 2 |

**195**

| 1 | 7 | 4 | 2 | 9 | 3 | 6 |   |   |
|---|---|---|---|---|---|---|---|---|
| 6 | 9 | 5 | 8 | 1 | 4 | 3 | 2 |   |
| 2 | 3 | 8 | 5 | 6 | 7 | 1 | 9 |   |
| 8 | 6 | 7 | 3 | 4 | 9 | 5 | 1 |   |
| 4 | 2 | 1 | 6 | 7 | 5 | 9 | 8 | 3 |
| 3 | 5 | 9 | 1 | 2 | 8 | 4 | 7 | 6 |
| 7 | 4 | 6 | 9 | 5 | 2 | 8 | 3 | 1 |
| 5 | 8 | 2 | 4 | 3 | 1 | 7 | 6 | 9 |
| 9 | 1 | 3 | 7 | 8 | 6 | 2 | 4 | 5 |

**196**

| 7 | 9 | 4 | 6 | 5 | 8 | 2 | 3 | 1 |
|---|---|---|---|---|---|---|---|---|
| 5 | 3 | 2 | 7 | 1 | 9 | 8 | 6 | 4 |
| 1 | 8 | 6 | 3 | 2 | 4 | 5 | 7 | 9 |
| 3 | 5 | 8 | 1 | 4 | 6 | 9 | 2 | 7 |
| 9 | 4 | 7 | 5 | 3 | 2 | 1 | 8 | 6 |
| 6 | 2 | 1 | 8 | 9 | 7 | 3 | 4 | 5 |
| 2 | 1 | 5 | 4 | 6 | 3 | 7 | 9 | 8 |
| 8 | 6 | 9 | 2 | 7 | 5 | 4 | 1 | 3 |
| 4 | 7 | 3 | 9 | 8 | 1 | 6 | 5 | 2 |

**197**

| 4 | 8 | 6 | 7 | 5 | 9 | 1 | 2 | 3 |
|---|---|---|---|---|---|---|---|---|
| 7 | 1 | 3 | 2 | 4 | 6 | 9 | 5 | 8 |
| 5 | 9 | 2 | 1 | 3 | 8 | 6 | 4 | 7 |
| 8 | 6 | 4 | 3 | 2 | 5 | 7 | 9 | 1 |
| 2 | 3 | 5 | 9 | 1 | 7 | 8 | 6 | 4 |
| 9 | 7 | 1 | 8 | 6 | 4 | 2 | 3 | 5 |
| 6 | 2 | 8 | 5 | 7 | 3 | 4 | 1 | 9 |
| 1 | 5 | 9 | 4 | 8 | 2 | 3 | 7 | 6 |
| 3 | 4 | 7 | 6 | 9 | 1 | 5 | 8 | 2 |

**198**

| 8 | 6 | 7 | 9 | 2 | 1 | 4 | 5 | 3 |
|---|---|---|---|---|---|---|---|---|
| 5 | 1 | 4 | 3 | 8 | 7 | 2 | 9 | 6 |
| 3 | 2 | 9 | 6 | 4 | 5 | 7 | 8 | 1 |
| 9 | 5 | 8 | 4 | 6 | 3 | 1 | 2 | 7 |
| 7 | 4 | 1 | 2 | 5 | 8 | 6 | 3 | 9 |
| 2 | 3 | 6 | 7 | 1 | 9 | 5 | 4 | 8 |
| 4 | 8 | 2 | 1 | 3 | 6 | 9 | 7 | 5 |
| 6 | 7 | 3 | 5 | 9 | 2 | 8 | 1 | 4 |
| 1 | 9 | 5 | 8 | 7 | 4 | 3 | 6 | 2 |

**199**

| 9 | 5 | 1 | 4 | 8 | 7 | 6 | 2 | 3 |
|---|---|---|---|---|---|---|---|---|
| 3 | 4 | 6 | 5 | 2 | 9 | 8 | 1 | 7 |
| 8 | 7 | 2 | 3 | 1 | 6 | 9 | 4 | 5 |
| 7 | 2 | 3 | 9 | 4 | 5 | 1 | 6 | 8 |
| 6 | 8 | 4 | 1 | 7 | 2 | 3 | 5 | 9 |
| 5 | 1 | 9 | 6 | 3 | 8 | 4 | 7 | 2 |
| 2 | 9 | 7 | 8 | 6 | 1 | 5 | 3 | 4 |
| 1 | 3 | 5 | 7 | 9 | 4 | 2 | 8 | 6 |
| 4 | 6 | 8 | 2 | 5 | 3 | 7 | 9 | 1 |

**200**

| 1 | 9 | 2 | 5 | 7 | 8 | 4 | 6 | 3 |
|---|---|---|---|---|---|---|---|---|
| 3 | 7 | 8 | 4 | 1 | 6 | 5 | 2 | 9 |
| 5 | 6 | 4 | 2 | 9 | 3 | 7 | 8 | 1 |
| 8 | 2 | 7 | 9 | 6 | 5 | 3 | 1 | 4 |
| 6 | 1 | 9 | 3 | 8 | 4 | 2 | 7 | 5 |
| 4 | 5 | 3 | 1 | 2 | 7 | 8 | 9 | 6 |
| 9 | 3 | 6 | 8 | 5 | 2 | 1 | 4 | 7 |
| 2 | 4 | 1 | 7 | 3 | 9 | 6 | 5 | 8 |
| 7 | 8 | 5 | 6 | 4 | 1 | 9 | 3 | 2 |

**201**

| 9 | 6 | 7 | 1 | 4 | 5 | 8 | 2 | 3 |
|---|---|---|---|---|---|---|---|---|
| 4 | 5 | 3 | 2 | 7 | 8 | 9 | 1 | 6 |
| 2 | 1 | 8 | 6 | 3 | 9 | 7 | 5 | 4 |
| 8 | 3 | 6 | 4 | 9 | 2 | 1 | 7 | 5 |
| 5 | 4 | 2 | 7 | 1 | 6 | 3 | 9 | 8 |
| 1 | 7 | 9 | 8 | 5 | 3 | 6 | 4 | 2 |
| 6 | 8 | 4 | 9 | 2 | 1 | 5 | 3 | 7 |
| 7 | 9 | 5 | 3 | 6 | 4 | 2 | 8 | 1 |
| 3 | 2 | 1 | 5 | 8 | 7 | 4 | 6 | 9 |

**202**

| 3 | 9 | 8 | 1 | 7 | 4 | 2 | 5 | 6 |
|---|---|---|---|---|---|---|---|---|
| 7 | 6 | 5 | 8 | 2 | 9 | 1 | 4 | 3 |
| 2 | 1 | 4 | 3 | 5 | 6 | 9 | 8 | 7 |
| 6 | 3 | 7 | 4 | 9 | 2 | 8 | 1 | 5 |
| 9 | 8 | 1 | 6 | 3 | 5 | 7 | 2 | 4 |
| 4 | 5 | 2 | 7 | 1 | 8 | 6 | 3 | 9 |
| 1 | 2 | 9 | 5 | 6 | 3 | 4 | 7 | 8 |
| 8 | 7 | 3 | 9 | 4 | 1 | 5 | 6 | 2 |
| 5 | 4 | 6 | 2 | 8 | 7 | 3 | 9 | 1 |